Abuhanifa Nick Meyer

Islamische Lebensmittelvorschriften nach Quran und Sunna

Abuhanifa Nick Meyer

Islamische Lebensmittelvorschriften

nach Quran und Sunna

أحكام الطعام في شريعة الرحمن

Überarbeitete Version

Rediroma-Verlag

Bibliografische Information der Deutschen Nationalbibliothek:
Die Deutsche Nationalbibliothek verzeichnet diese Publikation in der Deutschen Nationalbibliografie; detaillierte bibliografische Daten sind im Internet über http://dnb.ddb.de abrufbar.

Für Kommentare und Anregungen: abuhanife@yahoo.de
Danksagung für die Mithilfe an meine Frau Khadija Hussein Scheikh Ali
ISBN 978-3-96103-194-8

www.rediroma-verlag.de
8,95 Euro (D)

Inhalt:

Rechtsaussprüche dieses Buches beruhen auf dem Urteilsbemühung (Idschtihād) des Rechtsgelehrten Scheikh Al-Munajid. Es kann andere gültige Meinungen geben. Andere Meinungen in der Jurisprudenz (Fiqh) sind keine Anzeichen von Fehlern in der Religion. Gegründete Meinungsverschiedenheiten beruhen beispielweise auf verschiedene (gültige) Herangehensweisen in den Wissenschaften (Usūl al-fiqh).

Dieses Buch besteht hauptsächlich aus kurzen und zusammengefassten Schlüssen seiner Fatawa. Vollständige Fatawa mit weiterführenden Informationen sind zu finden auf Scheikh al-Munajids Website www.islamqa.info.

Scheikh Munajid wurde 1960 geboren und studierte in Dhahraan, Königreich Saudi-Arabien. Er besuchte die Studienkreise der folgenden Gelehrten: Scheikh ‘Abd al-‘Azeez ibn ‘Abdullah ibn Baaz, Scheikh Muhammad ibn Salih al-‘Uthaymeen, Scheikh Abdullah ibn ‘Abd ar-Rahmaan al-Jibreen und Scheikh Abd ar-Rahmaan ibn Naasir al-Barraak. Die Rezitation des Koran lernte er von Scheikh Sa‘eed Aal ‘Abdullah. Scheikh Munajid ist heute einer der meist gefragten Lehrer und Dozenten Saudi-Arabiens.

Zu den einzelnen Fragen wertet Scheikh Munajid alle Rechtsprechungen der islamischen Rechtswissenschaft (Fiqh) aus. Gehen Meinungen der Gelehrten zu sehr auseinander bezüglich Verbot und Erlaubnis, sieht Scheikh Munajid von einem eindeutigen Verbot ab. Überwiegen jedoch einseitige Beweise, erteilt er einen Rechtsschluss aus Beweisen und vorgehenden Rechtsgutachten anderer Islamgelehrten.

Begriffsklärung

Halal ist ein arabisches Wort und kann mit »erlaubt« und »zulässig« übersetzt werden. Es bezeichnet alle Dinge und Handlungen, die nach der Scharia erlaubt oder zulässig sind.

Haram ist das Gegenteil von Halal und bezeichnet alle Dinge und Handlungen, die nach der Scharia verboten oder unzulässig sind. Wer Haram tut, wird im Jenseits bestraft, sich dem Haram enthalten, wird im Jenseits belohnt, wenn der Grund für die Abstinenz die Absicht ist, Allahs Gebote zu befolgen.

Makruh bedeutet »verpönt oder verwerflich«. Makruh muss vermieden werden. Es wird nicht bestraft, dessen Unterlassen hingegen jedoch belohnt.

Scharia bezeichnet das islamische Recht. **Schari** ist dessen Adverb.

Sunna ist die Lehre und Handlungspraxis des Propheten Mohammad (Allahs Frieden und Segen auf Ihm). Sie ist verbindliches Vorbild und Ideal für jeden Muslim.

Fard oder Wajib sind verpflichtende Handlungen. Bei nicht tun lüde man Sünden auf sich, die gesühnt werden müssen.

Sunna-Muakkada (bestätigte Sunna) werden Handlungen nach der Sunna bezeichnet, die viel Lohn mit sich bringen und zu denen der Gesandte Allahs (Allahs Frieden und Segen auf Ihm) anspornte. Die Gelehrten sind geteilter Meinungen ob ein nicht tun der Taten dieser Kategorie versündigend ist oder nicht. Jedoch ist die Sünde weniger schwer als bei Nichtbeachtung der Fard/Wajib-Handlungen.

Sunna-Mustahabb (empfohlene Sunna) sind Handlungen die viel Lohn und Segen mit sich bringen. Jedoch ist das Auslassen kein Versündigen und muss nicht gesühnt werden. Jeder Muslim sollte der vollständigen Sunna folgen und alle Taten dieser Kategorien verrichten, soweit er dazu in der Lage ist.

Der Begriff »**Schächtung**« wird bewusst in dieser Schrift vermieden. Er beschreibt zwar die betäubungslose Schlachtung durch den Kehlschnitt und ausbluten des Tieres, wird aber begrifflich auch mit der jüdischen Schlachtung assoziiert. Weitere islamische Gebote sind diesem Begriff nicht inbegriffen. Somit wird der Begriff unvollständig. Daher wird bewusst von »islamischer Schlachtung« oder »Halal-Schlachtung« gesprochen.

Einige Hadith aus diesem Buch sind nicht fachgerecht übersetzt und können Fehler aufweisen. Die Überlieferungsketten und Wortlaute der Überlieferung (er sagte, von, überliefert von, usw.) sind nicht identisch ausgeschrieben. Die Hadith sind hier nur beigefügt, um die Beweise zu verdeutlichen.

Grundsätzlich sind alle Lebensmittel erlaubt, außer was nachweislich als Verboten ausgeschlossen wurde. Bezüglich Fleisch gibt es jedoch Meinungsverschiedenheiten der großen Rechtsgelehrten. Die stärkste Meinung ist, dass das Grundprinzip zu Fleisch „verboten" lautet. Dieses sind Grundsätze der *Qawāʿid Fiqhīya* (Rechtsmaximen). Sie sind sehr wichtig in der islamischen Urteilsfindung. Eine Sache, die grundsätzlich erlaubt ist, ist so lange erlaubt bis jeweils Beweise aus den islamischen Quellen erbracht werden, um sie als verboten zu erklären. Eine Sache, die grundsätzlich verboten ist, ist so lange erlaubt bis jeweils Beweise aus den islamischen Quellen erbracht werden, um sie als erlaubt zu erklären. In der Praxis hat dies einen sehr starken Einfluss auf die Urteilsfindung.

Vorwort

Alles Lob gebührt Allah , dem Herrn und Erhalter der Welt, sein Segen und Frieden seien auf unserem Propheten Muhammad und auf seine Familie und Gefährten.

Dieses Buch verschafft Klarheit über die islamischen Nahrungsvorschriften und Schlachtmethode und die mit ihr im Zusammenhang stehenden Angelegenheiten. Sie beschreibt ausschließlich nach der Aqida der Ahl al-Sunna wa'l-Jamaa'ah die schari-Praktiken des Schlachtens und was diesbezüglich halal und haram ist. Außerdem wird ein Überblick der derzeitigen Situation des Halal-Schlachtens in Deutschland geben.

Das Thema des Halal-Fleisches hat einen hohen Stellenwert im Islam. Detaillierte Nahrungsvorschriften in der Scharia beschreiben was für einen Muslim erlaubt und verboten ist.

O ihr Menschen, esset von dem, was es auf der Erde an Erlaubtem und Gutem gibt, und folgt nicht den Fußstapfen des Satans; denn er ist euer offenkundiger Feind. [2:168]

Die Schlachtung von Tieren ist im Islam eine gottesdienstliche Handlung.

Darum bete zu deinem Herrn und schlachte (Opfertiere). [108:2]

Allah (der Vollkommene, der Allerhöchste) allein hat das Recht zu entscheiden was halal ist und was ist haram ist. Die Religion ist, was Allah und Sein Gesandter (Allahs Frieden und Segen auf Ihm) vorgeschrieben haben. Niemand hat das Recht, über Allahs Grenzen hinauszugehen, mit dem Allah seinen Gesandten (Allahs Frieden und Segen auf Ihm) sandte.

Und dies ist Mein gerader Weg. So folgt ihm; und folgt nicht den (verschiedenen) Wegen, damit sie euch nicht weitab von Seinem Weg führen. Das ist es, was Er euch gebietet, auf dass ihr gottesfürchtig sein möget. [6:153]

Es gibt Menschen, die etwas halal machen, was Allah (der Vollkommene, der Allerhöchste) verboten hat, und Menschen, die etwas haram machen, was Allah erlaubt hat. Das Grundprinzip der Religion ist, dass halal ist, was Allah und Sein Gesandter gestattet haben, und haram ist, was Allah und Sein Gesandter (Allahs Frieden und Segen auf Ihm) verboten haben.

Sprich: »Habt ihr das betrachtet, was Allah euch an Nahrung herabgesandt hat, woraus ihr aber (etwas) Verbotenes und Erlaubtes gemacht habt?« Sprich: »Hat Allah euch (das) gestattet oder erdichtet ihr Lügen gegen Allah?« [10:59]

Und sagt nicht aufgrund der Falschheit eurer Zungen: »Das ist erlaubt, und das ist verboten«, so dass ihr eine Lüge gegen Allah erdichtet. Wahrlich, diejenigen, die eine Lüge gegen Allah erdichten, haben keinen Erfolg. [16:116]

Warum solltet ihr denn nicht von dem essen, worüber Allahs Name ausgesprochen wurde, wo Er euch bereits erklärt hat, was Er euch verboten hat – das ausgenommen, wozu ihr gezwungen werdet? Und gewiss, viele führen mit ihren Gelüsten durch Mangel an Wissen zum Irrweg. Wahrlich, dein Herr kennt die Übertreter am besten. [6:119]

Es wurde viel Verwirrung und Unklarheit über dem Begriff »Halal-Fleisch« hervorgerufen.

Meinungen der Modernisten (Ahl Al-Bidda) weichen klar von der islamischen Scharia-Rechtsprechung ab. Die Industrie greift auf solche Erneuerer zurück, um ihre im Islam unerlaubten Methoden zu rechtfertigen und den Gewinn zu maximieren.

Auch sind viele Rechtsprechungen von Sekten im Umlauf. Diese können mit denen der Ahl al-Sunna übereinstimmen, können aber auch erheblich abweichen. Deshalb werden alle anderen Rechtsprechungen als ungültig angesehen.

Ahl al-Sunna wa'l-Jamaa'ah sind diejenigen, die sich an die Sunna halten, sich auf sie vereinen und sich nicht auf irgendetwas anderes beziehen, sei es im Glauben (Aqida) oder andere Angelegenheiten die der schari Rechtsprechung unterliegen.

Die Ahl Al-Bidda unterscheiden sich hinsichtlich des Glaubens, der Methodik und den Praktiken und haben sich somit von der Sunna entfernt.

»O ihr, die ihr glaubt, gehorcht Allah und gehorcht dem Gesandten und denen, die unter euch Befehlsgewalt besitzen. Und wenn ihr über etwas streitet, so bringt es vor Allah und den Gesandten, wenn ihr an Allah glaubt und an den Jüngsten Tag. Das ist das Beste und nimmt am ehesten einen guten Ausgang.« [4:59]

1 Welche Lebensmittel sind Halal?

Die meisten Lebensmittel, wie beispielsweise vegetarische Lebensmittel, sind in ihrem ursprünglichen Zustand halal. Fleisch von erlaubten Tieren ist nur halal, wenn es in der richtigen Art und Weise geschlachtet wurde. Tiere und anderes, was als haram gilt, wird nicht durch die Halal-Schlachtung oder andere Rieten zu halal.

Es gibt keine Liste, die alle Halal-Tiere aufzählt. Das Grundprinzip ist im Allgemeinen, dass alle Lebensmittel und Tiere halal sind, außer die, die als verboten ausgeschlossen wurden.

Erlaubte Tiere sind unter anderem die folgenden (Liste ist nicht komplett): **Geflügel, Schafe, Ziegen, Bergziegen, Rinder, wilde Rinder, Hasen, Kamele, Gazellen, Hirsche, wilde Esel und Pferde**.

Zu Geflügel gehören unter anderem **Hühner, Enten, Vogelstrauss, Gans, Pute, Wasservögel, Tauben, Frankoline, Fasanen, Lerchen, Sperlinge, Wachteln, Flughühner, Starre, andere Vögel, Pfau, usw.**

Von Abu Musa al Ashari (Allahs Wohlgefallen Ihm) berichtete: »Ich sah den Prophet (Allahs Frieden und Segen auf Ihm) Hühner essen.« [Sahih Buchary]

Anas Ibn Malik (Allahs Wohlgefallen Ihm) berichtete: »Wir verfolgten die Spur eines Hasen bei Marri-d-Dahran, und die Leute strengten sich so sehr dafür an, bis sie erschöpft waren und davon ablassen mussten. Ich setzte aber die Suche nach dem Hasen fort, bis ich ihn fing. Ich kam dann mit diesem zu Abu Talha, der (ihn zubereitete und) davon die zwei Schenkel zum Propheten (Allahs Frieden und Segen auf Ihm) schickte, der sie auch annahm.« (Sahih Al-Buchary)

Das **Pferd** gehört zu den Halal-Tieren und darf gegessen werden. Abu Hanifa sieht es jedoch als verpönt an. Es existieren fehlerhafte Hadith, die das Pferd zu haram erklären. Die Mehrheit der Gelehrten sieht es jedoch als erlaubt (halal).

Asma' Bint Abi Bakr (Allahs Wohlgefallen Ihr) berichtete: »Wir schlachteten zu Lebzeiten des Propheten eine Pferdestute und aßen von dem Fleisch.« [Sahih Al-Buchary]

Dschabir Ibn `Abdullah (Allahs Wohlgefallen Ihm) berichtete: »Der Prophet (Allahs Frieden und Segen auf Ihm) verbot uns am Tage der Schlacht von Chaibar das Fleisch der (zahmen) Esel und erlaubte uns das Pferdefleisch.« [Sahih Al-Buchary]

Heuschrecken sind erlaubt.

Ibn Abi Aufa (Allahs Wohlgefallen Ihm) berichtete: »Wir zogen mit dem Propheten (Allahs Frieden und Segen auf Ihm) zu sieben – oder sechs – Schlachten und aßen gewöhnlich mit ihm Heuschrecken.« [Sahih Al-Buchary]

Schnecken (Landschnecken) kommen nach einigen Gelehrten der Rechtsschulen in die Kategorie des verbotenen Ungeziefers. Diese Gelehrten kategorisieren alle blutlosen Tiere gleichermaßen (ausser Heuschrecken). Ein Tier sollte sachgemäss geschlachtet werden können. Nach anderen Gelehrten (Maalikis) sind Schnecken halal und es gilt kein generelles Verbot für blutlose Tiere. Nach diesen Gelehrten sind die blutlosen Tiere auch den Schlachtvorschriften ausgenommen. Es kann also kein generelles Verbot der Schnecken geltend gemacht werden.

Eidechsen (genauer **Agamen**) sind erlaubt. Von einigen Gelehrten als makruh angesehen.

Khalid Ibn al-Walid (Allahs Wohlgefallen Ihm) trat einmal mit dem Gesandten Allahs (Allahs Frieden und Segen auf Ihm) bei Maimuna, Gattin des Propheten, die seine Tante und die Tante von Ibn `Abbas mütterlicherseits war. Sie hatte gerade eine gebratene Eidechse zu Hause, die ihre Schwester Hufaida Bintal Harith aus Nagd mitgebracht hatte. Sie servierte dem Gesandten Allahs (Allahs Frieden und Segen auf Ihm) diese Eidechse. Im Allgemeinen rührte der Prophet keine Speise an, bevor man ihm sagte, worum es sich handelte. An jenem Tag griff er aber nach dem Essen, ohne zu wissen, was das eigentlich war. Da sagte eine der anwesenden Frauen: Sagt doch dem Gesandten Allahs (Allahs Frieden und Segen auf Ihm) was das ist! Das sagten sie: O Gesandter Allahs, das ist eine Eidechse! Da zog der Prophet seine Hand zurück. Hier fragte ihn Khalid Ibnal Walid: O Gesandter Allahs, ist der Genuss von Eidechsenfleisch verboten? Der Prophet erwiderte: Nein, aber dieses Tier kommt im Land meines Volkes nicht vor. Aus diesem Grunde möchte ich es nicht essen! Demnach zerlegte Khalid die Eidechse und aß sie. Der Gesandte Allahs (Allahs Frieden und Segen auf Ihm) schaute ihm dabei zu, aber verbot ihm das Essen nicht. (Muslim)

Meerestiere:

Alle Nahrung aus dem Meer ist halal und unterliegt nicht der Vorschrift des Schlachtens. Auch sind sie dem Verbot des Aases, Aasfresser und Blut ausgenommen. Alle Körperteile der Meeresbewohner sind eingeschlossen. **Meeresfrüchte, Fische, Pflanzen, Schalen- und Krustentiere, Seeschlangen, Muscheln, Seeschnecken** eingeschlossen. Tiere die zu Land und Wasser leben, werden nicht als Meerestiere kategorisiert, sondern als Landtiere. Sie unterliegen auch den Schlachtregeln der Landtiere.

Und Er ist es, Der (euch) das Meer dienstbar gemacht hat, auf dass ihr zartes Fleisch daraus esst und Schmuck daraus gewinnt, um ihn euch anzulegen. Und du siehst, wie die Schiffe es durchfahren, auf dass ihr Seine Huld suchet und auf dass ihr dankbar sein möget. [16:14]

Der Fang aus dem Meer und sein Genuss sind euch – als Versorgung für euch und für die Reisenden – erlaubt... *[5:96]*

2 Welche Lebensmittel sind Haram?

Verboten ist euch das Verendete sowie Blut und Schweinefleisch und das, worüber ein anderer als Allahs Name angerufen wurde; das Erdrosselte, das zu Tode Geschlagene, das zu Tode Gestürzte oder Gestoßene und das, was Raubtiere angefressen haben, außer dem, was ihr geschlachtet habt, ferner das, was auf einem heidnischen Opferstein geschlachtet worden ist, und ferner (ist euch verboten), daß ihr durch Lospfeile das Schicksal zu erkunden sucht. Das ist eine Freveltat. Heute haben die Ungläubigen vor eurem Glauben resigniert; also fürchtet nicht sie, sondern fürchtet Mich. Heute habe Ich euch eure Religion vervollkommnet und Meine Gnade an euch vollendet und euch den Islam zum Glauben erwählt. Wer aber durch Hungersnot gezwungen wird, ohne sündhafte Neigung – so ist Allah Allverzeihend, Barmherzig. *[5:3]*

Verwehrt hat Er euch nur das von selbst Verendete und Blut und Schweinefleisch und das, worüber ein anderer Name als Allahs angerufen worden ist. Wer aber genötigt wird, (davon zu essen,) ohne die Gebote *[16:115] übertreten zu wollen und ohne das Maß zu überschreiten –, wahrlich, Allah ist dann allverzeihend, barmherzig.*

Sprich: »Ich finde in dem, was mir offenbart worden ist, nichts, was einem Essenden, der es essen möchte, verboten wäre, es sei denn von selbst Verendetes oder ausgeflossenes Blut oder Schweinefleisch – denn das ist eine Unreinheit oder ein Greuel, worüber ein anderer Name als der Allahs angerufen worden ist.« Wenn aber jemand durch Not (dazu) getrieben wird und dabei keine Ungehorsamkeit oder Übertretung begeht, dann ist dein Herr Allverzeihend, Allbarmherzig. [6:145]

2. 1 Unerlaubte Tiere

In den Überlieferungen wird keine Liste mit verbotenen Tieren aufgezählt. Somit ist die folgende Aufzählung auch nicht vollständig. Aus den Texten des Korans und der Sunna geht hervor, dass **Schweine, Tiere mit Reißzähnen (Raubtiere), Vögel mit Klauen (Raubvögel), zahme Esel und Aasfresser** verboten sind.

Verboten ist euch ... Schweinefleisch ... [5:3]

Zu Raubtieren gehören **Löwen, Tiger, Leoparden, Wölfe, Hunde, Fuchse** usw.

Abu Tha'laba (Allahs Wohlgefallen Ihm) berichtete: »Der Gesandte Allahs (Allahs Frieden und Segen auf Ihm) verbot uns den Fleischverzehr von allen Raubtieren mit Reißzähnen.« [Sahih Buchary]

Zu den Vögeln mit Klauen oder Aasfressern gehören **Habichte, Falken, Geier, Adler, indische Falken, Raben, Krähen, Fledermäuse, usw**.

Ibn Abbas (Allahs Wohlgefallen Ihm) berichtete, dass der Gesandte (Allahs Frieden und Segen auf Ihm) am Tag der Schlacht von Khaibar alle Raubtiere und alle Vögel mit Krallen zu essen verbot. [Sunan Abu Dawud]

Wilde Tiere wie **Elefanten** und **Affen** sind verboten zu essen.

Schlangen sind verboten zu essen.

Zahme- oder Haus-Esel sind verboten (haram), während **wilde Esel** (Zebra) halal sind.

Ibn Umar (Allahs Wohlgefallen Ihm) berichtete das der Prophet (Allahs Frieden und Segen auf Ihm) sagte: »Allah (der Vollkommene, der Allerhöchste) hat das Fleisch von zahmen Eseln am Tag der Schlacht von Khaibar rechtswidrig gemacht.«[Sahih Buchary]

Ekelhafte, abscheuliche oder abstoßende Dinge wie **Insekten und Ungeziefer oder Nagetiere sind haram:Skorpione, Mistkäfer, Kakerlaken, Ratten, Mäuse, Landschnecken, Geckos, Ameisen, Bienen, Fliegen, Wespen, Würmer, Läuse, Flöhe, Wanzen, Mücken, usw. (Liste nicht vollständig).** Eines der Grundprinzipien von halal und haram ist, dass das Gute als Halal angesehen wird und das Abstoßende als Haram angesehen wird. Al-Shaafai glaubte, dies sei das wichtigste und umfassendste Prinzip. Solche Tiere können auch nicht sachgemäß geschlachtet werden.

Sie fragen dich, was ihnen erlaubt sei. Sprich: »Alle guten [5:4

Dinge sind euch erlaubt; und was ihr die Jagdtiere gelehrt] habt, indem ihr sie zur Jagd abrichtet und sie lehrt, was Allah euch gelehrt hat.« Also esset von dem, was sie für euch fangen, und sprecht Allahs Namen darüber aus. Und fürchtet Allah; denn Allah ist schnell im Abrechnen.

Alle Tiere, die der Prophet (Allahs Frieden und Segen auf Ihm) angeordnet hat, immer zu töten, sind haram zum Verzehr. Das sind **Krähen, Milane, Schlangen, Skorpione, Mäuse, Ratten, Geckos und tollwütige Hunde**.

Eine weitere Regel besagt, dass alles, was verboten ist zu töten, auch verboten ist zu essen. Darunter fallen z.B. **Ameisen, Bienen, Frösche, Wiedehopf, Neuntöter/Rotrückenwürger (Vogelart)**.

Bei Tieren, die im Land und im Wasser leben (**Amphibien, Reptilien**), greift die Regel, dass den Vorschriften über Landtiere der Vorrang eingeräumt wird. **Krokodile** sind verboten, da es Raubtiere sind. **Frösche** sind verboten, weil es im Allgemeinen verboten ist sie zu töten. **Otter und Schildkröten** sind zwar erlaubt, unterliegen jedoch den Schlachtregeln der Landtiere.

Tiere, die aus einer Kreuzung zwischen erlaubtem und verbotenem Tier entstanden sind, sind verboten, da der verbotene Teil überwiegt. Beispiel: **Maultier (aus Pferd und Esel) oder Husky** (Kreuzung zwischen Hund und Wolf, ist ebenfalls nadschis wie der Hund).

2.2 Fleisch von Tieren die im Namen von etwas anderem als Allah geschlachtet wurden

Eine zwingende Voraussetzung der Halal-Schlachtung ist das

Aussprechen Allahs Namen unmittelbar bei der Schlachtung. Damit verbunden ist die Absicht, diesen Akt für Allah und in seinem Namen auszuführen. Das Aussprechen Seines Namens ist dessen Zeugnis.

Die Schlachtung ist eine Art des Gottesdienstes und darf nur Allah (der Vollkommene, der Allerhöchste) alleine gewidmet werden. Für etwas anderes oder im Namen etwas anderem als Allah zu schlachten, verstößt ganz klar gegen den Grundsatz des Tawhid (Monotheismus) und bedeutet Schirk (Vielgöttern). Damit kann es sogar (wenn andere Voraussetzungen gegeben sind) den Abfall aus dem Islam bedeuten.
In diese Kategorie gehört; ein Tier für etwas anderes als Allah zu schlachten und dabei Allahs Namen zu sprechen, oder den Namen von etwas anderem zu sprechen, aber mit die Absicht der Schlachtung für Allah zu fassen. Sei es nur zur Fleischgewinnung oder als Opfergabe.
Sei es für einen Götzengott, die Kaaba, ein Kreuz, Engel, Geister, Gräber, sei es ein Prophet, ein Wali, ein Gelehrter oder Scheich, lebenden oder gestorbenen Mensch.
Das Fleisch wird dadurch Haram und für den Verzehr verboten. Egal, wer diese Schlachtung durchgeführt hat.

Sprich: »Mein Gebet und meine Opferung und mein Leben und mein Tod gehören Allah, dem Herrn der Welten. [6:162]

Er hat niemanden neben Sich. Und so ist es mir geboten worden, und ich bin der Erste der Gottergebenen.« [6:163]

Verboten ist euch ..., worüber ein anderer als Allahs Name angerufen wurde; ... [5:3]

Wer im Namen eines anderen als Allah schlachtet, lädt seine Wut auf sich.

»Und Allah verflucht diejenigen, die für jedermann außer Allah opfern« (Sahih Muslim)

Fleisch von Tieren, bei denen bei der Schlachtung nicht der Name Allahs gesprochen wurde (nicht im Namen Allahs) ist ebenfalls haram, da das Aussprechen der Tasmiya eine Pflichtvoraussetzung der islamischen Schlachtung ist.

Und essen nicht von dem, worüber Allahs Name nicht ausgesprochen wurde; denn wahrlich, das ist Frevel. Und gewiss werden die Satane ihren Freunden eingeben, mit euch zu streiten. Und wenn ihr ihnen gehorcht, so werdet ihr Götzendiener sein. [6:121]

Festmahle religiöser, nicht islamischer Feste, Rituale und Bräuche fallen ebenfalls in die Kategorie des Schirk und machen dessen Fleisch und weitere Nahrung sowie Teilnahme verboten. Beispielsweise das Weihnachtsmahl, Ostermahl, Sabbat, das christliche oder persische Neujahr oder Bidda-Feste, wie Geburtstag des Propheten (Allahs Frieden und Segen auf Ihm) (Mawlid) das Al-'Ateerah der Jaahiliyyah oder Ähnliches.

Auch andere unislamische Bräuche, Ereignisse oder Veranlassungen wie Geburtstage, Vatertag, Muttertag, usw.
Es sei denn, es ist ein einmaliges Event, periodisches und kein Brauchtum oder religiös begründet.

Unter dieses Verbot fallen auch alle neu erfundene Bräuche und Feste der islamischen Welt sowie erfundene Bräuche und Feste von Sekten die keine Grundlage in Quran und Sunna haben.

Fleisch, welches zeitgleich zur islamischen Schlachtung auch einem anderen religiösen Zweck dient ist Haram; beispielsweise ein Geisteraustreiben wie in Naturreligionen oder Buddhismus.

Die Absicht spielt eine große Rolle. Wenn beispielsweise die Absicht drauf ausgerichtet ist, einen Gast zu ehren oder eine Hochzeitsfeier zu feiern oder nur das Fleisch zu essen, und der Akt dennoch im Namen Allahs ausgeführt wurde, so ist das erlaubt und sogar erwünscht. Die Absicht darf sich aber nicht auf die Verehrung einer Person oder eines Gegenstandes durch den Akt des Schlachtens ausrichten. Beispielsweise, wenn zur Verehrung einer höhergestellten Person geschlachtet wird und das Fleisch dann für andere weitergegeben wird. Die Schlachtung selbst ist eine religiöse Handlung im Islam. Jede Handlung, durch die ein Mensch die Nähe seines Herrn ersucht, ist ein Akt der Anbetung. Diese für jemand anderes als Allah zu beabsichtigen ist somit Schirk.

Ein Lebensmittel wird nicht Haram nur, weil es nach etwas Verbotenem benannt ist oder aus einer Tradition her kreiert wurde, aber keine verbotenen Substanzen beinhaltet. Z.B. Schweineohren (Gebäck), Malzbier (nicht alkoholisch), Weihnachtsgebäck oder Croissant (in christlicher Tradition erfunden), usw.

Der Akt der Schlachtung im Namen Allahs (der Vollkommene, der Allerhöchste) ist ein Gottesdienst, ob es für die Fleischgewinnung oder Opferung zur Danksagung an Allah ist. Dieses Ritual der Opferung und Danksagung hat einen symbolischen Charakter mit tieferem spirituellem Sinn. Die Absicht darf nur Allah allein gewidmet sein, um Sein Wohlwollen zu erlangen, Ihm Dankbarkeit auszudrücken, andere Menschen seinetwillen zu speisen oder Seinen Willen nachzukommen. Es darf auf keinen Fall mit der Absicht geopfert werden einen bestimmten Schutz zu erlangen oder Böses abzuwehren. Das wäre eine Bidda und Schirk. Es darf auch nicht mit Opferungen im Sinne der Hindus oder Buddhisten verglichen werden, wobei die Menschen Essen für ihre Götzen-Götter bereitstellen.

Ihr Fleisch erreicht Allah nicht, noch tut es ihr Blut, sondern eure Ehrfurcht ist es, die Ihn erreicht. In der Weise hat Er sie euch dienstbar gemacht, auf dass ihr Allah für Seine Rechtleitung preist. Und gib denen frohe Botschaft, die Gutes tun. [22:37]

Darum bete zu deinem Herrn und schlachte (Opfertiere). [108:2]

Es ist erlaubt zu opfern mit der Absicht Heilung von einer Krankheit zu ersuchen. Die Absicht darf jedoch nicht auf die Schlachtung oder das Geschlachtete ausgerichtet sein, sondern auf die wohltätige Verteilung des Fleisches. Also der Spende, um damit Allahs (der Vollkommene, der Allerhöchste) Wohlwollen zu erlangen.

Der Gesandte Allahs (Allahs Frieden und Segen auf Ihm) sagte: »Wohltätigkeit löscht die Sünde, wie das Wasser das Feuer auslöst.« (Ahmad 3/399)

2.3 Aas – vor der Schlachtung verstorbenes Tier

Ein Tier, welches vor der islamischen Schlachtung stirbt, zählt als Aas/Kadaver. Auch wenn es nur einen kurzen Moment vorher gestorben ist.
Dazu zählt ein durch natürlichen Tod gestorbenes Tier wie auch ein zu Tode gestürztes, ertrunkenes, erschlagendes, vergiftetes, verhungertes, usw.
Einem Tier, das vor dem Schlachten verstorben ist, gerinnt das Blut in den Adern, und es kann nicht mehr ordnungsgemäßes ausbluten. Das Fleisch und alle Körperteile sind somit haram und nadschis (unrein).

Verboten ist euch das Verendete ... *[5:3]*

Sprich: »Ich finde in dem, was mir offenbart worden ist, nichts, was einem Essenden, der es essen möchte, verboten wäre, es sei denn von selbst Verendetes oder ausgeflossenes Blut oder Schweinefleisch – denn das ist eine Unreinheit oder ein Greuel, worüber ein anderer Name als der Allahs angerufen worden ist.« Wenn aber jemand durch Not (dazu) getrieben wird und dabei keine Ungehorsamkeit oder Übertretung begeht, dann ist dein Herr Allverzeihend, Allbarmherzig. *[6:145]*

Durch Elektroschock, Erstickung/Erdrosselung, Schlageinwirkung oder Fall gestorben Tiere zählen zum Kadaver/Aas.

Verboten ist euch ... das Erdrosselte, das zu Tode Geschlagene, das zu Tode Gestürzte oder Gestoßene ... *[5:3]*

Ibn Abbas (Allahs Wohlgefallen Ihm) bezog sich auf Koranverse und erklärte: »Das Tier, das durch ersticken, erschlagen oder zu Tode fallen gestorben ist, ist nicht erlaubt. Das Tier, das von einem anderen Tier aufs Horn aufgespießt wurde, ist erlaubt, solange man es schlachtet, während es noch am Leben ist d.h. die Augen und Schwanz sich noch bewegen.« [Sahih Buchary]

Der Gesandte Allahs (Allahs Frieden und Segen auf Ihm) sagte: »Es ist erlaubt zu essen, so lange es von einer scharfen Schneide getötet wurde.« [Sahih Buchary]

Ibn Umar (Allahs Wohlgefallen Ihm) sagte: »Das Töten eines Tieres mit einem stumpfen Gegenstand ist rechtswidrig.« [Sahih Buchary]

Aufgespießte oder teilweise gefressene Tiere zählen zum Kadaver/Aas – es sei denn, es ist noch am Leben und kann geschlachtet werden.

Verboten ist euch ... das zu Tode Gestürzte oder Gestoßene und das, was Raubtiere angefressen haben, außer dem, was ihr geschlachtet habt ... [5:3]

2. 4 Blut

Blut zu sich zu nehmen, ist generell verboten.

Verboten ist euch das Verendete sowie Blut ... [5:3]

Das Verbot des Blutes ist einer der Hauptgründe der islamischen Schlachtung.
Blut gilt als unrein und eine Aufnahme in den Körper würde einen erheblichen Schaden mit sich bringen; medizinisch und spirituell.
Der Schlachtschnitt beim lebendigen Leibe des Tieres ist die wichtigste Voraussetzung der islamischen Schlachtung. Nur so kann die Ausblutung gewährleistet werden. Alle Voraussetzungen der Halal-Schlachtung müssen erfüllt sein und das Tier muss so weit es geht vollständig ausgeblutet sein. Das Gerinnen des Bluten muss so verhindert sein. Ein absoluter minimaler Rest kann nicht vermieden werden und ist somit gestattet. So, wie es auch in der Leber vorhanden ist.

Restblut, welches in Venen und Muskeln übrig bleibt, ist Tahir (rein). Frisches Blut, das während der Schlachtung ausströmt, ist nadschis (unrein). Der Schlachter verunreinigt sich also mit dieser Nadschaasah bei der Schlachtung durch das Blut. Das Blut am Fleisch zu einem späteren Zeitpunkt verunreinigt nicht mehr.

Das Restblut am Fleisch ist rein und erlaubt. Es muss nicht vor dem Verzehr weg gewaschen werden.

Es gibt kein Verbot für rohes Fleisch.

Ausnahmen bezüglich des Aas und des Blutes:
Ibn Umar (Allahs Wohlgefallen Ihm) überlieferte das der Gesandte Allahs (Allahs Frieden und Segen auf Ihm) sagte: »Zwei Arten von Aas und zwei Arten von Blut wurden euch als zulässig erklärt. Die zwei Arten von Aas sind Fisch und Heuschrecken. Die zwei Arten von Blut sind Leber und die Milz.«

2.5 Körperteile

Alle Nebenprodukte und Körperteile von unerlaubten (Haram) Tieren (2.1) sind wie das Fleisch des Tieres verboten zu essen oder zu handeln. Dazu gehören Eier, Milch, Fett, Fell usw.. Alle Teile von erlaubten (1), aber nicht halal-geschlachteten Tieren sind ebenfalls verboten zu essen oder zu handeln. Sie sind Nadschaasah (Unreinheiten). Weiterverarbeiten oder Benutzung, wo dessen Nadschaasah nicht stört, ist gestattet.

Die meisten Körperteile eines halal-geschlachteten Tieres sind halal, wenn es kein explizites Verbot gibt. Dazu zählt das Fett, Leber, Magen, Herz, Lunge, Milz, Nieren, Hals, Hoden, Füße, Kopf und dergleichen.
Jedoch sehen viele Gelehrte einige Körperteile als makruh (verpönt) an, da diese für viele Menschen ekelhaft empfunden werden. Dazu gehören: die Vagina, die Hoden, die Drüsen, die Blase, die Gallenblase und dergleichen.

Wenn jemand gefallen an bestimmten Körperteilen hat kann dafür kein Verbot ausgesprochen werden. Z.B. Fischaugen, ganze Fischkörper oder Ziegenköpfe.

Es ist nicht erlaubt, irgendein Körperteil zu essen, welches von einem lebendigen Tier abgeschnitten wurde. Körperteile, die vom lebenden Tier abgetrennt wurden, zählen als Aas.

Abu Waqid laythi (Allahs Wohlgefallen Ihm) überlieferte, dass der Gesandte Allahs (Allahs Frieden und Segen auf Ihm) sagte: »Was vom Tier abgetrennt wird, während er lebt, gilt als Aas.

Tierhaut zur Weiterverwendung – Einteilung in drei Kategorien:
Erstens: von Halal-Tieren (1), die den korrekten Prozess der Halal-Schlachtung durchgemacht haben und deren Fleisch auch zu essen halal ist. Diese Tierhaut ist rein und kann genutzt werden. Gleich ob sie gegerbt wurde oder nicht.
Zweitens: von Tieren die niemals halal und rein sein können (2.1). Wie etwa dem Schwein oder Hund. Diese sind auch niemals rein. Sie sind immer nadschis. Diese wird auch nicht durch Halal-Schlachtung oder Gerbung rein.
Drittens: Haut von Tieren, die durch die Halal-Schlachtung zum Verzehr erlaubt wären (1), jedoch nicht unter Berücksichtigung der Halal-Vorschriften geschlachtet wurden und somit nicht zum Verzehr erlaubt sind. Diese Haut wird durch Gerbung rein und kann genutzt werden. Sie ist jedoch vor der Gerbung unrein (nadschis).

`Abdullah Ibn `Abbas (Allahs Wohlgefallen Ihm) berichtete: »Der Gesandte Allahs (Allahs Frieden und Segen auf Ihm) ging an einem verendeten Schaf vorbei und sagte: »Wollt ihr nicht das Schafsfell verwenden?« Die Leute sagten: »Es ist doch ein verendetes Schaf!« Und er erwiderte: »Was verboten ist, ist nur

davon zu essen!« [Sahih Al-Buchary]

Ibn `Abbas (Allahs Wohlgefallen Ihm) berichtete: »Der Gesandte Allahs (Allahs Frieden und Segen auf Ihm) ging an einer verendeten Ziege vorbei und sagte: »Was haben ihre Besitzer dagegen, wenn sie aus ihrem Fell Nutzen ziehen?« [Sahih Al-Buchary]

Auch Tiere, die lebendig nicht nadschis sind, werden tot zu Nadschaasah, und somit auch die Haut. Die Regel lautet; was nicht halal-geschlachtet und gegessen werden kann, ist tot Nadschaasah, z.B. Katzen, Esel.

Die genannte Eigenschaft besitzt die Haut, sowie alle Gebrauchsgegenstände, die aus dieser Haut hergestellt wurden: Handschuhe, Schuhe, Möbel, Kissen, Kleidung, usw. Durch die Berührung dieser Nadschaasah greifen alle Regeln zur Nadschaasah. Auswirkungen entstehen auf die körperliche Reinheit sowie auf die Gültigkeit des Gebets.

Über das Haar, Borsten und Federn von unreinen Tieren gibt es verschiedene Meinungen der Gelehrten. Die Mehrheit der Gelehrten erklärt alles Haar, Borsten und Federn von allen Tieren für rein (Tahir). Auch die Haare von Hunden und die Borsten von Schweinen. Sie dürfen allerdings nicht gezogen, sondern müssen ausschließlich abgeschnitten werden.

Verboten (Haram) ist Handel oder kommerzielle Weiterverwendung/Verarbeitung jeglicher Art von Haram Lebensmitteln oder was aus diesem entsprungen ist. Auch jegliche Verwendung für Nahrung oder am menschlichen Körper (z.B. Seife, Fett, Creme, Leder, usw.) ist verboten. Es sein denn im Fall von Unausweichbarkeit. Abgesehen davon darf ein Haram-Lebensmittel oder Nadschaasah für andere Zwecke (nicht kommerziell) verwendet werden. Z.B. füttern eines Hundes mit totem Fleisch oder füttern von Bienen mit Nadschaasah kontaminierten Honig, und Ähnliches. Er darf aber nicht gekauft bzw. verkauft werden.

2.6 Rohstoffe

Lebensmittel dürfen keine Zutaten, Zusätze, Farbstoffe oder Rohstoffe aus Haram-Substanzen enthalten. Vor dem Verzehr muss sichergestellt werden, dass die Nahrung keine solchen Inhaltsstoffe enthält. Die Zutatenlisten sind meist zuverlässig. Da es sich um einen spezialisierten Themenbereich handelt und dem normalen Verbraucher das nötige Fachwissen fehlt, sollten Expertenmeinungen zugezogen werden. Bei Zweifel ist von der Nahrung abzusehen.

Eine Haram-Substanz kann Halal werden, wenn der Ausgangsstoff zwar ein Haram-Produkt ist, sich aber in ihrer ursprünglichen Substanz komplett chemisch wandelt (Istihaalah). Sie verliert ihre ursprünglichen Eigenschaften und nimmt die neuen an. Die Substanz wird jetzt auch anders benannt. Die Nadschaasah kann dadurch mit gewandelt werden. Beispielweise Essig aus Alkohol oder Seife aus tierischen Stoffen. Die komplette Umwandlung muss nachgewiesen werden.

Viele Gelehrte schließen das Schwein aus diesem Wandlungsprozess aus, da es ein explizites Verbot für Schwein im Koran gibt.

Pflanzliche oder chemische Rohstoffe sind Halal, sofern sie nicht schädlich oder giftig sind.

Istihlaak (Absorption) geschieht, wenn die verbotene oder un-

reine Substanz mit reiner Substanz gemischt wird. Das Verhältnis der reinen Substanz muss so dominierend sein, dass sie unreine Substanz komplett absorbiert wird und alle Eigenschaften wie Geschmack, Farbe und Geruch verliert.
Beispiele dafür sind:
Zusatzstoffe wie Farbstoffe, Konservierungsstoffe und Emulgatoren, die in Alkohol verdünnt sind und in sehr kleinen Mengen in der Nahrung oder Medizin verwendet werden.
Zusatzstoffe wie Cystein, Cholesterin, Pepsin, usw., die aus unreinen Stoffen stammen, sich nicht im chemischen Prozess gewandelt haben (Istihaalah), sind in Lebensmitteln und Medizin erlaubt, wenn sie in verschwindend kleinen Mengen aufkommen und die dominante, reine Substanz sie absorbiert.

Substanzen, die Alkohol enthalten und in sehr großen Mengen konsumiert das Bewusstsein verändern bzw. verändern könnten (sprich Trunkenheit), sind auch in kleinen Mengen verboten. Sollten sie jedoch in beliebig großen Mengen auch keine Einwirkungen zeigen können, sind sie erlaubt.

»Absorbieren« heißt in Verbindung mit Istihlaak, dass keine Spuren vom Geschmack, Farbe oder Geruch der Haram-Substanz mehr aufzufinden sind.

Shaykh al-Islam, Ibn Taymiya (möge Allah ihm gnädig sein) sagte: Wenn Alkohol in Wasser fällt und vollständig darin absorbiert wird, dann zählt das Trinken nicht als Alkoholkonsum und die Hadd-Bestrafung für Alkoholkonsum ist nicht fällig, da nichts von seinem Geschmack, seiner Farbe oder seinem Geruch übrig blieb. Al-Mustadrak 'ala Majmoo' al-Fatawa (3/12).

Grundsätzlich ist es verboten, mit Haram-Substanzen wie Schwein, Alkohol und dergleichen zu tun zu haben. Daher ist es auch nicht erlaubt, solche Produkte weiterzuverarbeiten, zu reinigen, zu handeln oder zu verwenden. So etwas muss allgemein vermieden werden.

Hefe ist in der Regel vegan und somit halal.

Gelatine ist ein weit verbreiteter Inhaltsstoff in Lebensmitteln wie Süßigkeiten, Jogurt, Käse, Getränken, Filter zur Saftherstellung, Kaugummis, sowie Medizin, Kapseln und auch Zahnpasta, Cremen und vielem mehr.
Bezüglich Gelatine sind die Gelehrten geteilter Meinung, ob der Prozess der Umwandlung (Istihaalah) komplett abgeschlossen ist oder nicht. Beide Meinungen haben starke Argumente. Die Meinung überwiegt, dass Gelatine Haram ist, die aus verbotenen Tieren (2.1) oder aus Tieren gewonnen wurde, die nicht nach den islamischen Richtlinien geschlachtete Tiere sind. Da die Erlaubnis zweifelhaft ist und es Alternativen zu diesem Stoff gibt, sollte der Muslim davon absehen. Gelatine aus halal geschlachteten Tieren, Fisch oder Pflanzen ist Halal.

Auch bezüglich Lab sind die Gelehrten geteilter Meinung. Das Lab wird aus Mägen von Kalb, Schaf, Ziege oder Kamel gewonnen und findet Anwendung in vielen Milchprodukten. Sollte das Lab aus einem Haram-Tier gewonnen werden, ist es Haram. Die Meinungen gehen auseinander in der Frage, ob das Tier halal geschlachtet werden muss, um Halal-Lab aus dessen Magen zu gewinnen. Da beide Meinungen mit festen Begründungen hinterlegt sind, kann kein Verbot ausgesprochen werden.

Käse aus Lab und Milch aus nicht halal geschlachteten Tieren ist nach Maaliki, Shaafai und Hanbalis nadschis. Nach Abu Haneefah und Hanbali (eine zweite seiner Meinungen) ist es rein und halal. Auch Scheich Ibn Taymiya (möge Allah ihm gnädig sein) vertritt diese Meinung. Überlieferungen zufolge aßen die Gefährten des Propheten (Allahs Frieden und Segen auf Ihm) Käse von Magiern und Christen, von denen bekannt war, dass sie Lab aus Tieren gewannen, die nicht nach islamischem Ritus geschlachtet wurden. So verhält es sich seiner Meinung nach auch mit dem Lab und der Milch eines an natürlichen Ursachen gestorbenen Tieres.

Tierfette aus Haram-Tieren oder nicht nach islamischem Ritus geschlachteten Tieren sind Haram. Es sei denn eine vollständige Umwandlung (Istihaalah) wurde vollzogen.

Karmin aus Schildläusen, welches nicht weiter verarbeitet und chemisch umgewandelt wird, ist haram zum Verzehr. Meinungsverschiedenheiten der Gelehrten herrschen lediglich bezüglich des nadschis sein von Karmin vor.

Aromen für Schweine-Geschmack (oder andere Haram-Lebensmittel), die nicht tatsächlich Haram-Substanzen enthalten, sind nicht unbedingt Haram, jedoch stark Makruh. Sie gewöhnen an den Geschmack des Haram, was zu einem Bedürfnis nach diesem Haram führt. Außerdem ist die Imitation eines Haram verboten.

2.7 Al-Jallalah: ein Tier, welches sich überwiegend von unreinem Futter ernährt

Tiere die sich überwiegend von unreinem Futter (Nadschaasah 2.10) ernähren, werden unrein (Haram). Sie werden zu einem Haram-Tier (2.1). Daher ist es auch verboten, solch ein Tier oder dessen Produkte (z.B. Eier) zu essen, dessen Milch zu trinken oder zu reiten. Wenn das Futter überwiegend aus reinem Futter besteht, fällt das Tier nicht in diese Kategorie.

Das Essen von Al-Jallalah und das Trinken deren Milch ist verboten. [Abu Dawud]

Ibn Umar (Allahs Wohlgefallen Ihm) überlieferte, dass der Gesandte Allahs (Allahs Frieden und Segen auf Ihm) das Fleisch und die Milch von Al-Jallalah verbot. Er sagte auch, dass der Gesandte Allahs (Allahs Frieden und Segen auf Ihm) Al-Jallalah Kamele verbot, diese zu reiten oder deren Milch zu trinken.

Ab einer Menge von 50% von unreinem Futter wird das Tier Al-Jallalah. Al-Jallalah wird zum Erlaubten und Essbaren wenn es drei Tage und Nächte lang ausschließlich reine Nahrung zu sich nimmt. Bei Hühnern oder Fisch beträgt diese Zeit drei Tage, bei großen Tieren wie Schafen oder Rindern sind es mindestens sieben Tage.

Ibn Umar (Allahs Wohlgefallen Ihm) behielt sich drei Tage lang Al-Jallalah Hühner zurück und verzehrte sie dann.

Dünger aus Nadschaasah macht die daraus gewachsenen Pflanzen nicht unrein oder verboten.
Wenn Pflanzen jedoch überwiegend mit unreinem (nadschis) Wasser bewässert werden, muss drei Tage lang überwiegend mit reinem Wasser bewässert werden, damit die Pflanzen halal sind.

Medikamente, Hormone, Steroide, Futterzusätze zu füttern, ist nicht verboten. Es sei denn, sie beinhalten Nadschaasah in der Menge, die es zu Al-Jallalah macht, oder sie sind schädlich für Mensch oder Tier.
Bestimmte Hormone, die von den meisten Behörden verboten und nachweislich Schädlich für Mensch und Tier sind, sowohl die Produktivität der Zucht künstlich steigern und dadurch den

Markt verzerren, sind Haram.

Über die Schädlichkeit für Mensch und Tier von genmanipulierten Produkten ist sich die Wissenschaft noch uneinig. Europäische Behörden verbieten oft solche Produkte, während amerikanische Behörden sie gestatten. Das Verbot im Islam bezüglich genmanipulierten Produkten bezieht sich auf das Verbot des Gesundheitsschädlichem (2.9), sollte die Schädlichkeit bestätigt werden.

2.8 Berauschendes

Allah (der Vollkommene, der Allerhöchste) hat das Verbot für »Khamr« erlassen. Dieses Verbot schließt Alkohol sowie alle anderen berauschenden Drogen ein.

Der Gesandte Allahs (Allahs Frieden und Segen auf Ihm) sagte: »Alles Berauschende ist Khamr, und alles Berauschende ist verboten (haram), und wer Khamr im Diesseits (Dunja) trinkt und stirbt, wobei er sich diesem hingibt (süchtig ist) und keine Taubah (Reue) zeigt, so wird er diesen im Jenseits (Akhirah) nicht zu Trinken bekommen.« (Muslim)

O ihr, die ihr glaubt! Berauschendes, Glücksspiel, Opfersteine und Lospfeile sind ein Greuel, das Werk des Satans. So meidet sie, auf daß ihr erfolgreich seid ; *[5:90]*

Satan will durch das Berauschende und das Losspiel nur Feindschaft und Hass zwischen euch auslösen, um euch vom Gedenken an Allah und vom Gebet abzuhalten. Werdet ihr euch denn abhalten lassen? *[5:91]*

Ibn 'Umar (Allahs Wohlgefallen Ihm) berichtete: Ich hörte 'Umar (Allahs Wohlgefallen Ihm) während er auf dem Podest des Propheten (Allahs Frieden und Segen auf Ihm) stand, sagen: »Sodann, ihr Menschen! Wahrlich, das Verbot des Berauschenden (Khamr) ist offenbart worden, und dies ist aus Weintrauben, Datteln, Honig, Weizen, Gerste und Berauschendes (khamr) ist alles, was die Geisteskraft des Menschen beeinträchtigt.« (Buchary)

Bezüglich der Muskatnuss herrschen Meinungsverschiedenheiten unter den Gelehrten, da sie in größeren Mengen berauschend ist. Daher ist sie in vielen Ländern verboten. Die gewichtigere Meinung geht vom Verbot aus.

2.9 Gesundheitsschädliches

Gesundheitsschädliches jeglicher Art und Weise ist Haram. Auch wenn ein Lebensmittel eigentlich Halal ist, kann es entsprechend unterschiedlicher Personen, Situationen, oder Zeitabschnitten gesundheitsschädlich und somit Haram werden. Z.B., wenn es verdirbt oder in einer schädlich wirkenden Weise verschmutzt. Auch wäre ein übermäßiges Essen in einer schädlichen Weise Haram. Oder wenn ein tägliches Lebensmittel für eine Person im Besonderen medizinischen Umstand schädlich ist, wird es für diese Person in diesem Umstand Haram.

Der Gesandte Allahs (Allahs Frieden und Segen auf Ihm) verbot alles Schädliche, sei es Essen, Getränke oder irgendetwas anderes. Er sagte: »Es darf weder schädlich sein noch Schaden zur Folge haben.« (überliefert von Ibn Maajah und eingestuft als saheeh von al-Albaani)

Und tötet euch nicht selber (oder gegenseitig)! Allah [4:29] verfährt barmherzig mit euch.

Und spendet auf dem Weg Allahs und stürzt euch nicht mit eigenen Händen ins Verderben und tut Gutes! Wahrlich, Allah liebt diejenigen, die Gutes tun. [2:195]

2.10 Rituelle Unreinheiten (Nadschaasah)

Es gibt ursächliche rituelle Unreinheiten die selber nicht gereinigt werden können. Und Dinge, die durch Berührung mit einer ursächlichen rituellen Unreinheit (Nadschaasah) unrein (nadschis) werden. Etwas Reines was mit einer Unreinheit in Berührung kommt, zählt als unrein, bis es davon gereinigt wird.
Nahrung die mit Nadschaasah in Berührung kommt wird ebenfalls verunreinigt (nadschis) und darf nicht mehr gegessen werden, bis es davon bereinigt wurde. Nadschaasah überträgt sich nur durch Feuchtigkeit.

Beispiele, die das verdeutlichen:
Fließendes Blut ist unrein. Getrocknetes Restblut aus dem essbaren Halal-Fleisch ist rein.
Urin ist unrein. Auf einem Bettlaken eingetrocknet jedoch überträgt sich die Nadschaasah durch Berührung nicht. Fasst man dieses Bettlaken jedoch mit feuchten Händen an, überträgt sich die Nadschaasah.
Durch die trockene Berührung des Schweins oder Hundes überträgt sich deren Nadschaasah nicht. Sie überträgt sich jedoch durch die Berührung mit feuchten Händen oder Feuchtigkeit am Tier oder durch deren feuchten Speichel oder deren Fleisch oder Ähnliches im Zusammenhang mit Feuchtigkeit.

Ursächliche rituelle Unreinheiten sind beispielsweise: Exkremente, Urin, Blut, Erbrochenes, Hund, Schwein oder Kadaver;

Tierkörper oder deren Produkte, die nicht gegessen werden dürfen, entweder von Haram-Tieren (2.1) oder von -Halal-Tieren (1) die aber nicht nach der Halal-Richtline geschlachtet wurden.

Fast alle Tiere, die nicht essbar sind (2.1), sind lebendig nadschis. Ausnahmen bestehen; wie Katze und Esel. Tote Körper von den nicht-essbaren Tieren sind immer nadschis. Z.B. Katzen sind nicht nadschis, auch wenn sie nicht essbar sind. Ihr verendeter Körper ist jedoch Nadschaasah.

Kot und Urin von essbaren Tieren (1) ist nicht nadschis. Nach starken Hadith rät der Gesandte Allahs (Allahs Frieden und Segen auf Ihm) einer Gruppe von Männern, den Urin vom Kamel als Medizin zu trinken. In anderen Hadith erlaubte er das Beten im Schafsstall und sagte darüber: *»Bete in ihnen, denn sie sind ein Segen.« (Muslim).* Und er sagte nicht, dass dort Kot und Urin gemieden werden muss. Alle Gelehrten sind sich darüber einig. Außer Imam al-Shafi, welcher der Meinung ist, dass dort Kot und Urin gemieden werden müssen. Kot und Urin von Tieren, die nicht gegessen werden dürfen (2.1) sowie Kot und Urin von Menschen ist Nadschaasah.

Hund und Schwein sind der höchste Grad der Nadschaasah.

Die Nadschaasah des Hundes übertrifft noch die des Schweins. Sie kann nur entfernt werden durch siebenmaliges Waschen mit Wasser, davon einmaliges Reinigen mit Erde. Sollte ein Hund beispielweise von einem Geschirr fressen oder Kleidung anlecken, muss diese sieben Mal gewaschen werden, einmal von den Sieben mit Erde. Es ist bevorzugt die Erde bei der ersten Reinigung zu benutzen.

Überliefert von Abu Hurayrah (Allahs Wohlgefallen Ihm) Der Gesandte Allahs (Allahs Frieden und Segen auf Ihm) sagte: »Die Reinigung eurer Gefäße, wenn es Hund es angeleckt hat, ist die siebenmalige Waschung. Die erste davon mit Erde.« (Muslim 279)

Die Nadschaasah des Schweins muss wie eine andere Nadschaasah einmalig gewaschen bzw. entfernt werden. Ein siebenmaligen waschen und einmal mit Erde ist nicht nötig.

Das bloße Berühren eines Hundes oder Schwein überträgt die Nadschaasah nicht. Anders ist es, wenn Feuchtigkeit vorhanden ist; nasse Hände, Fleisch, usw. Dann wurde durch die Berührung die Nadschaasah übertragen und die Stelle muss ausreichend gewaschen werden.

Nadschaasah kann mit jedem Mittel bereinigt werden, welches die Nadschaasah selbst und ihre Spuren beseitigt. Wenn die Unreinheit und ihre Spuren mit irgendeinem Mitteln entfernt werden, dann gilt sie als beseitigt. Wasser ist dafür am besten geeignet. Es könnte aber auch Dampf, Essig oder etwas anderes sein. Hauptsache ist, dass der Originalzustand wiederhergestellt ist.

Gegenstände, wie Gefäße, Geschirr, Besteck, Tische, usw., die mit Nadschaasah in Berührung waren, sind ebenfalls an der berührten Stelle nadschis. Jede Berührung zwischen diesen Gegenständen und der Nahrung würde die Nahrung verunreinigen (nadschis machen). Gegenstände können jedoch gereinigt und weiterverwendet werden. Ein einmaliges, gründliches Reinigen mit (reinem) Wasser und entfernen jeglicher Nadschaasah ist ausreichend.

Gegenstände (Teller, Besteck, Töpfe, Werkzeuge), die mit Schwein in Berührung gekommen sind, müssen nicht sieben Mal, sondern nur einmal gewaschen werden, so dass alle Spuren beseitigt sind.

Salama Ibn Al-Akwa (Allahs Wohlgefallen Ihm) berichtete, dass die Muslime, am Abend der Eroberung von uibar, Feuer angezündet hatten. Der Prophet (Allahs Frieden und Segen auf Ihm) fragte: »Wofür habt ihr das Feuer angezündet?« Sie sagten: »(Es sind die Töpfe) für das Fleisch von zahmen Eseln.« Der Prophet (Allahs Wohlgefallen Ihm) sagte: »Vergiesst deren Inhalt und zerbrecht die Töpfe.« Ein Mann unter den Leuten stand auf und sagte: »Oder vergießen wir den Inhalt und waschen anschließend die Töpfe?« Der Prophet (Allāhs Segen und Friede auf ihm) sagte dann: »Oder das!« (Buchary 5497)

Der Prophet (Allahs Frieden und Segen auf Ihm) sagte: »Sie sagen, dass sie im dem Land der Leute des Buches sind, sie sollten nicht von ihrem Geschirr essen, nur wenn sie keine andere Möglichkeit haben, in diesem Fall müssen sie das Geschirr waschen, bevor sie davon essen. « [Sahih Buchary]

Es herrschen Meinungsverschiedenheiten über die Nadschaasah des Alkohols. Die Unstimmigkeit besteht in der Frage, ob die Ayat 5:90 (unten ausgeschrieben) eine physische oder metaphorische Unreinheit beschreibt. Die Befürworter physischer Nadschaasah sagen, dass Alkohol hier ausdrücklich als »ridschs« (Greuel; auch unrein) beschrieben ist. Das ist die Meinung der Mehrheit der Gelehrten. Die zweite Meinung besagt, dass es als Metapher betracht wird, da in derselben Ayat Glücksspiel, Opfersteine und Lospfeile ebenso als unrein bezeichnet werden. Beides ist eher eine spirituelle Unreinheit. Es gibt auch einige Hadith die diese Meinung bekräftigen. Diese zweite Meinung ist wahrscheinlich die stärkere.
In beiden Fällen ist für die Reinigung von Alkohol die normale Reinigung von Nadschaasah ausreichend: beseitigen und einmaliges reinigen/waschen.

Ein alkoholisches Getränk, aus dem der Alkohol chemisch entfernt wurde, wie das alkoholfreie Bier, ist erlaubt. Ähnlich wie das in der Substanz gewandelte Essig. Nahrung kann also von Nadschaasah bereinigt werden.

Es ist jedoch für einen Muslim nicht erlaubt, Alkohol oder andere Haram-Substanzen zu verarbeiten oder aufzubewahren. Daher ist der Prozess der Umwandlung oder Entfernung des Alkohols nicht erlaubt. Wenn dieses jedoch von einem Nicht-Muslim getan wurde, ist die gereinigte oder gewandelte Substanz erlaubt.

O ihr, die ihr glaubt! Berauschendes, Glücksspiel, Opfersteine und Lospfeile sind ein Greuel, das Werk des Satans. So meidet sie, auf daß ihr erfolgreich seid ; *[5:90]*

Menthol gehört nicht in die Kategorie des Alkohols und ist halal.

Ein Ungläubiger oder Götzendiener und seine Berührung ist keine Nadschaasah und macht Lebensmittel nicht nadschis. Die Unreinheit der Götzendiener, wie sie im Koran beschrieben ist (*9:28*), ist metaphorisch und nicht physisch (Siehe Tafsir Ibn Kathir).

Nadschaasah an der Kleidung, Körper oder Gebetsstelle macht das Gebet ungültig. Das Gebet bleibt gültig, wenn man über diese Unreinheit unwissend war und sie erst nach dem Gebet entdeckt. Auch bleibt das Gebet gültig, wenn man sich an die Nadschaasah während des Gebetes erinnert oder sie bemerkt und sie dann sofort entfernt.
Beispielsweise das Blut an der Kleidung eines Schlachters. Diese Kleidung muss vor dem Gebet gewaschen oder gewechselt werden. Als Ausnahme muss eine sehr geringe Menge Nadschaasah nicht beachtet werden. Maßstab ist hier ein Dirham

(kleine Geldmünze). Die Ausnahme zählt, wenn es sehr schwer ist, es zu vermeiden.
Es reicht aus, die Kleidung oder andere verschmutzte Gegenstände einmal zu waschen um die Nadschaasah zu entfernen.
Die Gebetswaschung muss nach Reinigung von der Nadschaasah nicht wiederholt werden.

Auf weitere Regeln bezüglich der Unreinheiten kann hier nicht eingegangen werden.

2.11 Unrechtmäßig Erworbenes

Die Lebensmittel müssen unbedingt durch statthafte Mittel erworben werden. Nahrung, die durch eine Art und Weise erworben wurde, die im Islam nicht erlaubt ist, macht diese Nahrung verboten. Dazu zählen z.B.: Handel mit Haram-Gegenständen, Zinsen, Diebstahl, Betrug, usw.

Abu Bakr (Allahs Wohlgefallen Ihm) trank eines Tages Milch, die Ihm angeboten wurde. Als er merkte, dass diese Milch auf Haram-Wegen zu Ihm kam, tat er alles, um sie wieder auszuspucken. Er gab sich viel Mühe, dass sich Beobachter dachten, er würde gleich sterben. Danach hob er seine Hände und betete: »Oh Allah. Ich habe getan, was in meiner Macht steht. Ich suche Zuflucht bei dir vor dem, was noch in meinen Adern geblieben ist.«

Abu Huraira (Allahs Wohlgefallen Ihm) berichtet, dass der Gesandte Allahs (Allahs Frieden und Segen auf Ihm) gesagt hat: »Allah der Erhabene ist rein und nimmt nur das Reine an. Allah hat den Mumin befohlen, was er den Gesandten befohlen hat, und der Erhabene hat sinngemäß gesagt: »O ihr Gesandten, esset von den reinen Dingen und tut Gutes.« (23:51) Und der Erhabene hat gesagt: »O die ihr Iman habt, esset von den guten

Dingen, die Wir euch gegeben haben.« (2:172) Danach erzählte er von einem Mann, der eine lange Reise machte, mit ungekämmtem Haar, staubbedeckt, der seine Hände zum Himmel streckte (und rief): »O Herr, o Herr«! -(während) seine Speise vom Verwehrten war, sein Trank vom Verwehrten, sein Gewand vom Verwehrten und er mit Verwehrtem ernährt war. Wie kann er erhört werden!«

Abdullāh Ibn Yazīd (Allahs Wohlgefallen Ihm) berichtete, dass der Gesandte Allahs (Allahs Frieden und Segen auf Ihm) den Erwerb von Gütern durch Hehlerei und die Tiermisshandlung verbot. (Buchary 5516)

Nahrung und Tiere, die verboten sind zu essen, sowie alle weiteren Haram-Objekte dürfen laut Scharia auch nicht gehandelt werden. Dazu gehören beispielweise Tiere wie Schwein, Hund, Katze, Aasfresser usw., Fleisch von nicht nach Scharia geschlachtetem, Alkohol, Götzenbildnisse.

Jaabir ibn 'Abdullah (Allahs Wohlgefallen Ihm) berichtete, dass er den Gesandten Allahs (Allahs Frieden und Segen auf Ihm) im Jahr der Eroberung, als er in Mekka war sagen hörte: »Wahrlich, Allah und Sein Gesandter hat den Verkauf von Alkohol, totem Fleisch (von Tieren, die nicht richtig geschlachtet wurden), Schweinefleisch und Götzen verboten. Es wurde gesagt: O Gesandter Allahs, was denkst du über das Fett von Tieren, die nicht richtig geschlachtet wurden, es wird verwendet, um Schiffe zu versiegeln und wird auf Leder aufgetragen und die Leute benutzen es, um Lampen zu beleuchten? Er sagte: Nein, es ist haram.«
(al-Buchary, 2082; Muslimischen, 2960)

Handel mit Tieren, die nicht essbar und ohne Nutzen sind, ist verboten. Z.B. **Raubtiere, Aasfresser, Reptilien.** Explizit ist der Handel mit **Hunden und Katzen** verboten.

Halal-Tiere dürfen per Gewicht oder ungewogen gehandelt werden. Egal, ob lebendig oder geschlachtetes Fleisch.

Nahrung von Personen oder Institutionen, die ihr Einkommen aus Haram beziehen, müssen gemieden werden. Auch wenn die Nahrung aus einem wohltätigen Zweck ausgegeben wird. Dazu gehören Firmen und Geschäftsleute die mit Haram verdienen, Banken, die Zinsen handeln, Sänger, Tänzer und Ähnliches.

Jegliche Erwerbstätigkeit und Gesetzesverstöße, die den Gesetzen des jeweiligen Landes, in dem man sich aufhält, widersprechen, sind Haram, solange diese nicht der islamischen Scharia widersprechen. Dazu gehören Schwarzarbeit, Steuerhinterziehung, unberechtigt Sozialhilfe empfangen und Ähnliches.

Essen von einem Verwandten oder Bekannten, der sein Einkommen ausschließlich aus Haram bezieht, darf nicht angenommen werden.

Die Herkunft der Lebensmittel darf nicht eine Produktion durch illegale Methoden oder Ausbeutung sein. Wie beispielsweise aus dem Herkunftsland Israel.

2.12 Notsituation

Alles Verbotene wird im Fall von Notwendigkeit erlaubt. In **Not** kann also alles Verbotene zu sich genommen werden.

... Wer aber durch Hungersnot gezwungen wird, ohne sündhafte Neigung – so ist Allah allverzeihend, barmherzig. [5:3]

Notwendigkeit besteht, wenn unmittelbar ein direkter Schaden auf Religion, Leben, Ehre, Grund oder Besitz droht. Und die Erlaubnis zu Haram besteht, wenn dieser Schaden durch dieses Haram abgewehrt werden kann. Es müssen aber folgende Voraussetzungen erfüllt sein:

- Eine ernsthafte Bedrohung auf Schaden besteht unmittelbar
- Der Schaden kann nur durch das bestimmte Haram abgewendet werden – keine Alternative
- Es darf nur so viel von dem Haram zu sich genommen werden damit der Schaden abgewendet ist
- Es besteht kein Zweifel das dieses bestimmte Haram den Schaden abwehrt

Beispiele:

Einer hungernden oder durstenden Person, die dadurch den Tod fürchtet, ist es erlaubt, Haram zu essen oder zu trinken. Die Menge, die gerade zum Überleben benötigt wird, darf eingenommen werden. Alles, was darüber hinaus geht, ist Haram. Es darf sich also nicht satt gegessen werden. Es sei denn, die Gefahr besteht, dass auf längere Zeit nichts Weiteres zu essen oder trinken aufzufinden sein wird.

Einer Person, die krank ist, ist es nicht erlaubt, Haram zur Heilung einzunehmen. Zweifel besteht, ob dieses Haram tatsächlich die Heilung bedeutet und die Person nicht auch ohne dieses Haram geheilt werden würde. Haram zur Behandlung und Heilung ist grundsätzlich nicht erlaubt.

Der Gesandte Allahs (Allahs Frieden und Segen auf Ihm) sagte: »Allah hat keine Heilung in das gelegt, was er euch verboten hat.«

Verboten hat Er euch nur (den Genuss von) natürlich Verendetem, Blut, Schweinefleisch und dem, worüber etwas anderes als Allah angerufen worden ist. Wenn aber jemand (dazu) gezwungen ist, ohne (es) zu begehren und ohne das Maß zu überschreiten, so trifft ihn keine Schuld; wahrlich, Allah ist allverzeihend, barmherzig. [2:173]

Sprich: »Ich finde in dem, was mir offenbart worden ist, nichts, was einem Essenden, der es essen möchte, verboten wäre, es sei denn von selbst Verendetes oder ausgeflossenes Blut oder Schweinefleisch – denn das ist eine Unreinheit oder ein Greuel, worüber ein anderer Name als der Allahs angerufen worden ist.« Wenn aber jemand durch Not (dazu) getrieben wird und dabei keine Ungehorsamkeit oder Übertretung begeht, dann ist dein Herr allverzeihend, allbarmherzig. [6:145]

Verwehrt hat Er euch nur das von selbst Verendete und Blut und Schweinefleisch und das, worüber ein anderer Name als Allahs angerufen worden ist. Wer aber genötigt wird, (davon zu essen,) ohne die Gebote übertreten zu wollen und ohne das Maß zu überschreiten –, wahrlich, Allah ist dann allverzeihend, barmherzig. [16:115]

So fürchtet Allah, soviel ihr nur könnt, und hört und gehorcht und spendet; es wird für euch selbst besser sein. Und wer vor seiner eigenen Habsucht bewahrt ist - das sind die Erfolgreichen. [64:16]

Allah fordert von keiner Seele etwas über das hinaus, was sie zu leisten vermag. Ihr wird zuteil, was sie er- [2:286] *worben hat, und über sie kommt, was sie sich zuschulden kommen läßt. Unser Herr, mache uns nicht zum Vorwurf, wenn wir (etwas) vergessen oder Fehler begehen. Unser Herr, und erlege uns keine Bürde auf, so wie Du sie jenen aufgebürdet hast, die vor uns waren. Unser Herr, und lade uns nichts auf, wofür wir keine Kraft haben. Und verzeihe uns und vergib uns und erbarme Dich unser. Du bist unser Beschützer. So hilf uns gegen das Volk der Ungläubigen!"*

3 Vorschriften der islamischen Tierschlachtung

Fleisch von erlaubten Tieren (1) ist nur zum Verzehr erlaubt, wenn es in der richtigen Art und Weise geschlachtet und somit physisch und spirituell gereinigt wurde.

3.1 Die schlachtende Person

Die schlachtende Person muss einer der drei monotheistischen Religionen angehören: Islam, Christentum oder Judentum.

Heute sind euch alle guten Dinge erlaubt. Und die Speise derer, denen die Schrift gegeben wurde (Christen und Juden), ist euch erlaubt, wie auch eure Speise ihnen erlaubt ist ... [5:5]

Ibn Abbas (Allahs Wohlgefallen Ihm) erklärt, dass sich »Speise« in diesem Vers auf das geschlachtete Tier bezieht.

Sollte die schlachtende Person nicht zur Kategorie der Muslime, Christen oder Juden zählen, ist die Person nicht für die Halal-Schlachtung geeignet; Apostaten, Atheisten, Götzenanbeter, Kommunisten, Hindus, Buddhisten, Anhänger von Naturreligionen, Magie und Zauberei oder Ähnliches.

Personen, die sich heutzutage als Christen oder Juden bekennen, gehören zur Kategorie, die Halal-Schlachten darf. Obwohl sie weder mit den Christen und Juden zur Zeit des Propheten (Allahs Frieden und Segen auf Ihm) vergleichbar sind noch mit ihren eigenen Glaubensgrundsätze im Reinen sind. Ihre Religion hat zwar himmlischen Ursprung und ist auf göttlichen Büchern basierend, dennoch war ihr Glaube schon zur Zeit des Propheten (Allahs Frieden und Segen auf Ihm) als die Erlaubnis offenbart wurde, verfälscht und fehlgegangen.

Christen und Juden müssen unbedingt alle Vorschriften der Halal-Schlachtung einhalten, damit ihr geschlachtetes Fleisch als halal gilt.

Ein Muslim, der nicht bete, ist nicht zur Schlachtung qualifiziert. Das von ihm geschlachtete Fleisch zählt nicht als Halal. Das ist der Fall, weil jemand, der nicht betet, keine Religion hat und somit nicht als Muslim zählt.

Sekten, die sich selbst zu Muslimen erklären, aber in ihren Glaubenslehren und Praktiken so weit abgekommen sind, dass sie nicht mehr im Rahmen des Islam sind, dürfen die Halal-Schlachtung nicht vollziehen. Von ihnen Geschlachtetes zählt nicht als Halal. Dazu gehören die Qadiyanis, auch bekannt als Ahmadiyyah, Raafidis, auch bekannt als Schiiten, Drusen, Jesiden, extreme Ausprägungen der Sufiten, und alle weiteren Sekten die Großen-Schirk begehen (dazu zählt an Gegenstände, z.B. Amulette, als Beschützer und Helfer anstatt Allah zu glauben) und extreme Ausprägungen der Modernisten die so weit gehen Glaubensgrundsätze des Islam zu leugnen.

Dieses Verbot beschränkt sich auf das Fleisch. Andere Lebensmittel dieser Personen können gegessen werden. Es kann also beispielweise Brot oder Gebäck gegessen werden, welches von

Ungläubigen oder Muschrikin zubereitet wurde. Es sollte jedoch darauf geachtet werden, dass die Nahrung nicht mit Nadschaasah in Berührung war und dass keine verbotenen Substanzen dem Essen beigemischt wurden.

Die schlachtende Person kann ein Mann oder eine Frau sein. Auch wenn die Frau während des Schlachtens ihre Menstruation hat.

Überliefert von Ka'b IbnMalik (Allahs Wohlgefallen Ihm): Eine Frau schlachtete ein Schaf mit einem Stein, und der Prophet (Allahs Frieden und Segen auf Ihm) wurde danach gefragt. Er erlaubte ihm, gegessen zu werden. [Sahih Buchary]

Die schlachtende Person kann menstruierend oder *junub* sein. Das Fleisch wird dadurch nicht haram.

Die Person muss bei Verstand sein, um die Vorschriften verstehen zu können. Er muss also über ein ausgebildetes Urteilsvermögen verfügen. Das ist bei einer geisteskranken, berauschten oder bei einer vorpubertierende Person nicht gegeben.

Ein Muslim ist stark zu bevorzugen. Allein wegen der Vertrauenswürdigkeit. Er muss alle Vorschriften kennen und diesen auch gewissenhaft nachkommen.

3.2 Das Aussprechen der Tasmiya

Der Name Allahs muss mit den Worten »Bismillah« unmittelbar vor dem Akt der Schlachtung erwähnt werden. Dies ist eine Bedingung für die Rechtmäßigkeit der Schlachtung. Das Auslassen macht das Fleisch haram. Einige Gelehrte erlauben das Fleisch noch, nach- *[6:118]* dem die Tasmiya versehentlich vergessen wurde, die Mehrheit der Gelehrten erklärt es aber selbst dann zu haram. Der Wortlaut »Bismillah, Allahu Akbar« ist Mustahabb.

So esset das, worüber Allahs Name ausgesprochen wurde, wenn ihr an Seine Zeichen glaubt.

Und jedem Volk gaben Wir eine Anleitung zur Opferung, auf daß sie des Namens Allahs für das gedenken mögen, was Er ihnen an Vieh gegeben hat. So ist euer Gott ein Einziger Gott; darum ergebt euch Ihm. Und die frohe Botschaft gib den Demütigen [22:34]

Und esset nicht von dem, worüber Allahs Name nicht ausgesprochen wurde; denn wahrlich, das ist Frevel. Und gewiß werden die Satane ihren Freunden eingeben, mit euch zu streiten. Und wenn ihr ihnen gehorcht, so werdet ihr Götzendiener sein. [6:121]

Die Tasmiya muss mündlich von der schlachtenden Person ausgesprochen werden. Eine andere Person als die eigentlich schlachtende Person kann das nicht tun. Tonband (MP3, usw.) oder schriftlich die Tasmiya niederzuschreiben ist nicht gültig.

Eine stumme Person kann auch die islamische Schlachtung durchführen. Dazu zeigt die Person mit dem Finger in den Himmel und das ersetzt das Aussprechen der Tasmiya (Gebärdensprache). Die Absicht zum halal schlachten muss von der Person gefasst werden.

Der Gesandten Allahs (Allahs Frieden und Segen auf Ihm) sagte: »Wenn das Blut fließt und der Name Allahs darüber gesprochen wurde, so esst davon.«

3.3 Das Schlachtwerkzeug

Das Schlachtwerkzeug muss eine scharfe Klinge sein. Das Material der Klinge spielt keine Rolle. Ausgenommen sind Knochen, Nagel oder Zähne. Ein vorheriges Schärfen ist Sunna. Das Schlachtwerkzeug muss sauber und frei von Nadschaasah sein.

Der Gesandte Allahs (Allahs Frieden und Segen auf Ihm) sagte, »und wenn Ihr schlachtet, schlachtet gut, lasset jeder von euch seine Klinge schärfen«.

Abayah ibn Rifaah (Allahs Wohlgefallen Ihm) berichtete von seinem Großvater, dass dieser gesagt hat: »Oh Gesandter Allahs, wir haben kein Messer.« Der Gesandte Allahs (Allahs Frieden und Segen auf Ihm) sagte dann: »Wo das Blut herausgeflossen ist und der Name Allahs erwähnt wurde, könnnt ihr essen, so lange es kein Nagel oder ein Zahn war. Der Nagel ist das Messer der Äthiopier und der Zahn ist ein Knochen.«
Äthiopien (Abessinien), war das Land der Christen zur Zeit des Gesandten (Allahs Frieden und Segen auf Ihm).

Ibn 'Umar (Allahs Wohlgefallen Ihm) berichtete von seinem Vater, dass eine Magd seiner Familie Schafe bei Sal geweidet hatte, und als sie sah, dass ein Schaf davon beinah verendete, zerschellte sie einen Stein und schlachtete das Schaf mit der Steinkante. Er ('Umar) sagte zu seiner Familie: »Esst nicht davon, bis ich zum Propheten (Allahs Frieden und Segen auf Ihm) komme und ihn darüber frage, oder vielleicht schicke ich jemand zu ihm, der ihn fragen soll.« Als er sich zum Propheten (Allahs Frieden und Segen auf Ihm) begab – oder jemand zu ihm schickte – wies der Prophet (Allahs Frieden und Segen auf Ihm) sie an, dass sie das Schafsfleisch essen dürfen. (Buchary 5501)

Der Gesandte Allahs (Allahs Frieden und Segen auf Ihm) sagte: »Es ist erlaubt zu essen, so lange es von der scharfen Schneide getötet wurde.« [Sahih Buchary]

Ibn Umar (Allahs Wohlgefallen Ihm) sagte: »Das Töten eines Tieres mit einem stumpfen Gegenstand ist rechtswidrig.« [Sahih Buchary]

3.4 Der Entbluteschnitt

Die zu durchtrennenden Organe sind Luft- und Speiseröhre und die beiden Halsschlagadern. Es müssen mindestens drei dieser vier Stellen durchschnitten werden.

Das Rückenmark darf nicht während des Schnittes getroffen werden. Auch das komplette durchtrennen des Halses und entfernen des Kopfes darf erst nach dem Eintritt des Todes vorgenommen werden. Dieses könnte zu einem Herzstillstand führen und somit den Blutausfluss verhindern. Sinn des Entbluteschnitt ist es die vollständige Entleerung zu ermöglichen.

Nach dem Entbluteschnitt muss das Tier in einer Lage positioniert werden, die das Ausbluten gewährleistet und nicht die Adern schließt.

Nach der Sunna wird das Tier auf die linke Seite gelegt, die Beine, außer das linke Hinterbein, werden zusammengebunden, das Tier wird mit der linken Hand in Position gehalten und das Schlachtwerkzeug wird mit der rechten Hand zum Schnitt geführt. Der Gesandte Allahs (Allahs Frieden und Segen auf Ihm) setzte dabei auch seinen rechten Fuß auf die rechte Seite des Tieres, um es ruhig zu halten.

Anas (Allahs Wohlgefallen Ihm) überliefert: Der Gesandte Allahs (Allahs Frieden und Segen auf Ihm) opferte zwei hübsche hornige Scharfböcke. Beim Schlachten legte er sein Fuß auf deren Seite und sagte: »Bismillah, Allahu Akbar.«

Der Entbluteschnitt sollte vorzugsweise mit der rechten Hand ausgeführt werden. Für den Linkshänder ist es die linke Hand, wenn es leichter fällt. Dies sind aber keine verbindliche Bedingungen.

4 Weitere Fatawa bezüglich des Schlachtens

4.1 Das Tier und der Schlachter sollten in die Himmelsrichtung der Kibla zeigen

Es ist eine Sunna, das Tier während der Schlachtung in Richtung der Kibla auszurichten. Dabei stehen der Schlachter und das Schlachttier mit Körper und Gesicht in Richtung der Kibla. Diese Sunna bringt Allahs Segen mit sich. Sie ist aber keine unbedingte Vorrausetzung zur Schlachtung und das Auslassen würde somit das Fleisch nicht Haram machen. Jedoch würde man den Segen dieser Sunna versäumen. Die Sahaba sahen es als Makruh an, Fleisch zu essen, welches nicht in Richtung Kibla geschlachtet wurde. Besonders beim Udhiyah (5) und Aqiqa (6) ist es vorzuziehen und sollte nicht ausgelassen werden.

Gabir Ibn Abdullah (Allahs Wohlgefallen Ihm) sagte: »Der Prophet (Allahs Frieden und Segen auf Ihm) hat am Opfertag zwei hübsche, hornige, kastrierte Schafböcke geschlachtet. Als er sie in Richtung Kibla aufgestellt hatte, sagte er: Ich wende mein Gesicht Dem zu, Der die Himmel und die Erde erschaffen hat, als Anhänger des rechten Glaubens, und ich gehöre nicht zu dem Götzendienern. Sag: Gewiss, mein Gebet und mein Schlachtopfer, mein Leben und mein Sterben gehören Allah, dem Herrn der Weltenbewohner. Er hat keinen Teilhaber. Dies ist mir befohlen worden und ich bin einer der Ihm Ergebenen. Oh Allah dies ist von dir deinetwegen, nimm es von Mohammad und seiner Gemeinschaft an. Bismillah, Allahu Akbar! Und dann hat er sie geschlachtet. (Ahmad, Abu Dawood, Ibn Maajah)

4.2 Umgang mit Tieren

Die Schlachtung muss barmherzig sein. Es sind möglichst alle Schmerzen und Leid zu vermeiden. Das Tier darf weder der

Schlachtung anderer Tiere noch der Schärfung des Schlachtwerkzeug zusehen. Auch soll das Tier nicht die Todesschreie anderer Tiere hören. Das Warten vor der Schlachtung ist möglichst zu vermeiden. Es ist Sunna, das Tier vor der Schlachtung zu beruhigen und Wasser trinken zu lassen.

Der Gesandte Allahs (Allahs Frieden und Segen auf Ihm) sagte: »Und lass ihn das Leid der Tiere, die er schlachtet, vermeiden.«

Viele Hadith verweisen auf einen gerechten Tierschutz und verbieten jegliches verursachen von Qual und Leid für Tiere. Der Islam geht in seinem Tierschutzgedanken sogar noch weiter und verbietet nicht nur die körperliche Misshandlung, sondern er verbietet auch die psychische und ethische Misshandlung und selbst die verbale Abwertung eines Tieres.

Jabir ibn Abdullah berichtete: »Der Gesandte (Allahs Frieden und Segen auf Ihm) verbot das zu Tode quälen jeder Art von Tieren.« [Sahih Muslim]

Der Gesandte Allahs (Allahs Frieden und Segen auf Ihm) sagte: »Allah hat das Beste für jede Sache vorgeschrieben. Wenn ihr nun tötet, tötet recht, und wenn ihr schlachtet, schlachtet recht. So soll ein jeder von euch seine Klinge schärfen und sein Opfer zur Ruhe bringen.« (Muslim)

Folgende Punkte sind zu beachten. Nichtbeachtung ist Makruh, machen das Fleisch jedoch nicht haram.

- Ein Tier darf nicht zusehen, wie ein anderes geschlachtet wird
- Es darf nicht bei der Schlachtung anderer Tiere anwesend sein – muss räumlich getrennt sein
- keiner Gewalt ausgesetzt werden
- alle Schmerzen und Leid sind zu vermeiden

- nicht auf irgendeine Weise unnötig gequält werden

Ein Tier aus Spaß oder anderen Gründen als der Nahrungsproduktion zu töten ist verboten. Beispielsweise Sport, aus Rache, usw.

Hisham bin Zaid (Allahs Wohlgefallen Ihm) berichtete: Anas und ich gingen zu Al-Hakam bin Aiyub. Anas sah Kinder auf eine angebundene Henne schiessen. Anas sagte: »Der Prophet hat das Schießen auf angebundene oder gefangene Tiere verboten.« (Al-Buchary)

Sa'īd Ibn ǦIbn Ǧ (Allahs Wohlgefallen Ihm) berichtete: »Ich war bei Ibn 'Umar und dort gingen wir an einigen Jugendlichen vorbei, die ein gefesseltes Huhn hinstellten, um auf dieses zu zielen. Als sie Ibn 'Umar sahen, verschwanden sie von der Stelle. Ibn 'Umar sagte: »Wer hat das getan? Wahrlich, der Prophet (Allahs Frieden und Segen auf Ihm) verfluchte denjenigen, der so etwas tut.« (Buchary 5515)

Tiere, die so ums Leben gekommen sind, sind haram.

Das Tier darf kastriert werden. Es gibt Meinungsverschiedenheiten unter den Gelehrten, ob ein kastriertes oder unkastriert Schlachttier zu bevorzugen ist.

4.3 Alter des Schlachttieres

Für die Fleischproduktion des täglichen Bedarfs ist kein Mindest- oder Höchstalter der Schlachttiere vorgeschrieben. Anders ist es beim Udhiyah und Aqiqa. Dort sind Mindestalter vorgeschrieben. Ein milchgebendes Tier sollte nicht geschlachtet werden.

Abu Hurayrah (Allahs Wohlgefallen Ihm) überliefert; der Gesandte Allahs (Allahs Frieden und Segen auf Ihm) besuchte mit Abu Bakr und Umar, Abu'l-Haytham (Allahs Wohlgefallen Ihnen). Abu'l-Haytham ging für sie Essen zubereiten. Der Prophet (Allahs Frieden und Segen auf Ihm) sagte: »Schlachte bitte kein Schaf, das Milch gibt!« Da schlachtete er ein Schaf (das keine Milch gibt), und sie aßen davon und von den Datteln und tranken (frisches Wasser). (Muslim, at-Tirmidhi)

Ein Fötus darf geschlachtet und verzehrt werden. Nach Ibn Taymiya (möge Allah Ihm barmherzig sein) kann es auch gegessen werden, wenn das Muttertier geschlachtet wird und der Fötus dabei tot geboren wurde. Ob es haarig ist oder nicht. Sollte es lebendig geboren werden muss es nach Scharia-Richtlinien ordentlich geschlachtet werden. Nach Malik ist nur ein haariger Fötus gestattet. Nach Abu Hanifa ist es nur halal, wenn es lebendig geboren ist und ordentlich geschlachtet wurde. Andere Gelehrte sind der Ansicht, dass ein Fötus aus medizinischen Gründen nicht gegessen werden sollte.

Eier mit einem ausgebildeten Embryo sind eine Delikatesse in manchen asiatischen Ländern. Dort wird das Ei samt Embryo nach dem 16. Tag der Befruchtung gekocht und verzehrt. Diese Embryonen zählen zum bereits Verendeten/Aas und sind im Islam verboten.

4.4 Schlachtplatz, Anlagen und Schlachtwerkzeuge

Schlachtplätze, Anlagen und Werkzeuge müssen sauber und frei von Nadschaasah sein.
Schlachthaus, Maschinen, Geräte, Bänke usw., die für Nicht-Halal-Schlachtung benutzt werden, sollten für die Halal-Schlachtung nicht benutzt werden. Sollte dies jedoch nicht zu vermeiden sein, müssen die Gegenstände unbedingt ordnungs-

gemäß gereinigt und von aller Nadschaasah befreit werden. Sollte es nicht möglich, seine Anlagen dementsprechend zu reinigen, dürfen diese nicht für die islamische Schlachtung benutzt werden.

Der Prophet (Allahs Frieden und Segen auf Ihm) sagte: »Sie sagen, dass sie im dem Land der Leute des Buches sind, sie sollten nicht von ihrem Geschirr essen, nur wenn sie keine andere Möglichkeit haben, in diesem Fall müssen sie das Geschirr waschen bevor sie davon essen.« (Sahih Buchary)

Das Schlachten darf nicht an einem Friedhof vollzogen werden.

Rituale polytheistischer Religionen dürfen nicht am Halal-Schlachtplatz vollzogen werden. Dazu gehört auch die Schlachtung nach polytheistischem Ritus. Solche Orte und Anlagen sind danach disqualifiziert. Auch wenn es im zeitlichen Abstand geschieht.

4.5 Betäubung

Eine der wichtigsten Bedingungen der islamischen Schlachtung ist, dass das Tier zum Zeitpunkt der Schlachtung lebendig sein muss. Das Tier muss bei lebendigen Leibe ordnungsgemäßes geschlachtet werden, damit das Herausströmen des Blutes gewährleistet wird.

Stirbt das Tier durch eine Betäubung, gilt dessen Fleisch als Aas und ist somit Haram und Nadschaasah. Ist das Tier nach der Betäubung nicht tot und wird anschließend sofort und nach Scharia-Methoden geschlachtet, ist das Fleisch Halal.

Verboten ist euch das Verendete sowie Blut und Schweine- [5:3 fleisch und das, worüber ein anderer als Allahs Name] angerufen wurde; das Erdrosselte, das zu Tode Geschlagene, das zu Tode Gestürzte oder Gestoßene und das, was Raubtiere angefressen haben, außer dem, was ihr geschlachtet habt ...

Die Betäubung ist Tierquälerei und verstößt gegen den Grundsatz der guten Behandlung des Tieres. Daher ist es so gut wie möglich zu vermeiden. Im besonderen Fällen ist es anzuraten. Beispielsweise zur Beruhigung, wenn das Tier vor dem Schlachten außer Kontrolle gerät.

Der Gesandte Allahs (Allahs Frieden und Segen auf Ihm) sagte: »Gewiss, Allah hat über alles die Güte vorgeschrieben. Wenn Ihr also tötet, so seid gütig im Töten, und wenn Ihr schlachtet, so seid gütig im Schlachten. So soll jeder von euch seine Klinge wetzen und sein Schlachttier zur Ruhe bringen.« (Muslim)

Unter Rücksichtnahme der Bedingungen ist die Betäubung erlaubt und macht das Fleisch nicht Haram.

Die folgenden Werte und Bestimmungen zur Betäubung entstammen dem Rechtsgutachten der »Islamic Fiqh Council« in ihrer zehnten Konferenz in Djiddah, Königreich Saudi-Arabien, 23.-28. Safar 1418 n.H., entsprechend dem 28. Juni – 3. Juli 1997 n.Chr.

Die elektrische Betäubung muss folgende technische Vorrausetzungen erfüllen.

1. Die Elektroden sollen auf den Schläfen oder auf der Stirn und Rückseite des Kopfes platziert werden
2. Die Stromspannung soll zwischen 100 und 400 Volt liegen

3. Stromspannung soll zwischen 0,75 und 1 Ampere für Schafe und Ziegen und zwischen 2 und 2,5 Ampere für Vieh liegen
4. Der Stromsflusszeit soll zwischen 3 und 6 Sekunden lang dauern

Tötung durch elektrischen Strom ist nicht erlaubt und macht das Tier Haram.

Elektrische Betäubung ist bei Geflügel nicht erlaubt, da es zu hohen Todesfällen führt. Untersuchungen haben ergeben, dass bis zu 10% dieses Geflügels vor der Schlachtung bereits verstorben ist. Verfahren müssen daher einzeln auf Verluste untersucht und geprüft werden, um sie zur Halal-Schlachtung zu genehmigen. Ggf. müssen Verfahren eingeführt werden, die verlässlich totes Geflügel nach der Betäubung und vor der Schlachtung aussortieren.

Bolzenschuss und Schuss-Schlag-Betäubung (concussion stunning) sind nicht erlaubt.

Eine Mischung von Kohlendioxid und Luft oder Sauerstoff ist zur Betäubung erlaubt. Gas oder Betäubungsspritze ist zur Betäubung nicht erlaubt.

Betäubung durch einen Kopf- oder Genickschlag mit einem Stock, der Hand oder sonstigen stumpfen Gegenstand ist nicht erlaubt. Es ist unkontrolliert und führt eher zum Tod des Tieres.

Tötung durch einen Rückenmarkzerstörer ist verboten.

Bei einer Betäubung muss durch Kontrolle gewährleistet werden, dass das Tier nach der Betäubung noch am Leben ist. Verfahren und Methoden können zur Halal-Schlachtung genehmigt werden, wenn wissenschaftlich bewiesen ist, dass sie nicht zum Tode führen und die Entblutung nicht beeinträchtigen.

4.7 Mechanisiertes Schlachten in modernen Schlachthäusern

In vielen Schlachthäusern warten die Tiere in Massen auf die Schlachtung oder stehen in Reihen. Sollten die Tiere anwesend sein bei der Schlachtung anderer Tiere, verstößt das gegen die guten und geforderten Sitten im Islam und ist makruh. Es macht das Fleisch jedoch nicht haram. Wenn mehrere Tiere zeitgleich geschlachtet werden, ist daran nichts auszusetzen. In diesem Fall sehen sich die Tiere nicht gegenseitig zu.

Maschinen zur automatisieren Schlachtung sind erlaubt, mit der Voraussetzung, dass alle verbindlichen Anforderungen der Scharia-Richtlinien eingehalten werden: Entbluteschnitt (3.4), Schlachtwerkzeug (3.3), Sauberkeit (frei von Nadschaasah 2.10), Gewährleistung der Lebendigkeit des Tieres bei dem Kehlschnitt (2.3), die Tasmiya ordnungsgemäßes gesprochen wird (3.2) und eine berechtigte Person, die schlachtet bzw. die Maschine bedient(3.1).

Idealerweise muss die Tasmiya für jedes einzelne Tier gesprochen werden und die Hand des Schlachters jede Schlachtung einzeln durchführen. Über den Schlachtautomat, der viele Tiere hintereinander schlachtet, gibt es verschiedene Meinungen der Gelehrten.
Die stärkste Meinung ist jedoch, dass es unter folgenden Voraussetzungen erlaubt ist:
Die Person, die den Automaten mit Tasmiya einschaltet, muss eine berechtigte Person nach Scharia-Richtlinien sein;

es darf keine Unterbrechung im Ablauf geschehen, ohne dass wieder eine Tasmiya gesprochen wird;
die Absicht der Halal-Schlachtung muss von dieser Person gefasst werden
und sie muss bei der Anschaltung direkt am Schlachtvorgang anwesend sein.

Andere Personen, die vorlaufend die Tasmiya während des Maschinenvorgangs sprechen und vielleicht auch räumlich getrennt sind, haben nach der Scharia kein Einwirken und sind somit sinnlos.
Es ist nicht ausreichend, dass die Tasmiya schriftlich irgendwo geschrieben steht. Auch ein Tonband ist nicht ausreichend.

Bei der Hand-Schlachtung oder Automaten, die jedes Tier einzeln schlachten, ist die Tasmiya für jedes einzelne Tier notwendig.

Für einen Muslim ist es nicht erlaubt im Prozess einer nicht-scharia-konformen Schlachtung (Haram-Schlachtung) auf irgendeine Art involviert zu sein. Sei es bei der Schlachtung selbst, dem Verkauf oder Verladung des Haram-Fleisches. Es ist nicht erlaubt in einem Schlachthaus zu arbeiten in welchem Haram-Geschlachtet wird. Auch wenn das Fleisch nur für Nicht-Muslime bestimmt ist.

Und helft einander in Rechtschaffenheit und Frömmigkeit; doch helft einander nicht in Sünde und Übertretung. Und fürchtet Allah; denn Allah ist streng im Strafen. [5:2]

Die Weiterverarbeitung (häuten, zuschneiden, usw.) darf auf keinen Fall vor dem Ausbluten und Sterben des Tieren geschehen. Sollte das Tier bei der Weiterverarbeitung noch am Leben sein, so macht es dessen Fleisch Haram.

Wegen der vielen Einwände der Gelehrten gegen diese Methoden und weil, wie oben aufgezeigt, viele technische Komplikationen aus dem mechanisierten Verfahren und der Betäubung entstehen, ist eine manuelle Schlachtung ohne Betäubung in jedem Fall vorzuziehen.

4.8 Jagd

Die Voraussetzungen für den Jäger sind wie bei der schlachtenden Person (3.1) und dürfen auch nicht im gleichzeitigen Zusammenwirken mit einer Person geschehen, die nicht zur Halal-Schlachtung befugt ist.

Die Tasmiya muss beim Akt der Jagd wie beim Akt des Schlachtens besprochen werden. Bei der Jagd wäre das der Moment, in dem der Jäger das Jagdtier loslässt oder die Waffe abfeuert, wie es beim Schlachten der Fall ist, wenn zum Schlachtschnitt angesetzt wird (3.2).

Zum Verzehr dürfen nur Tiere gejagt werden, die allgemein als Halal gelten (1).

Nur wilde Tiere dürfen gejagt werden, d.h. Tiere, die wild in der Natur leben oder nicht auf andere Art und Weise gebändigt und eingefangen werden können.
Zahme Tiere, Haustiere, eingesperrte oder angebundene Tiere dürfen nicht gejagt werden. Für solche Tiere kommt nur die reguläre Schlachtung in Frage.

Die Absicht zur Erlegung der Jagdbeute muss gefasst sein. Im Moment des Abfeuerns der Waffe oder Loslassens des Jagdtiers darf es nicht auf etwas anderes ausgerichtet sein.

Die Jagdbeute darf nach Erlegung nicht für längere Zeit aus der Sicht des Jägers verschwinden, ohne dass der Jäger sich auf die Suche nach der Beute macht. Wenn die Jagdbeute aus der Sicht verschwindet, muss sich der Jäger auf die Suche machen, sonst wird die Beute zu Haram. Sollte die Beute nicht aus der Sicht verschwinden oder der Jäger nach verschwinden sich unmittelbar auf die Suche machen, ist die Beute Halal.

Körperteile, die vom lebendigen Tier während der Jagd abfallen, sind Haram.

Das Tier muss nach allen Halal-Vorschriften geschlachtet werden, sollte es lebendig aufgefunden werden und nicht durch die Einwirkung der Wunde durch die Jagdwaffe gestorben sein.

Die Jagdwaffe muss scharf sein und das Fleisch durchstechen oder schneiden, um das Tier ausbluten zu lassen. Das Material kann ein beliebig scharfes Schlachtwerkzeug sein (3.3).

Feuerwaffen, Pfeil und Bogen, usw. sind erlaubt. Bei Schussabgabe muss die Tasmiya gesprochen werden, nicht beim Laden der Waffe. Das Tier ist auch Halal, sollte es durch die Waffe sterben und tot aufgefunden werden.

Es muss ersichtlich bei der Beute sein, dass der Tod durch die Verletzung mit der Jagdwaffe eingetreten ist. Sollte dies nicht sichergestellt werden können, ist es nicht erlaubt, das Tier zu essen.

Gift/Giftpfeile sind nicht zur Jagd erlaubt.

Abgerichtete Raubtiere sind zur Jagd zugelassen: Hunde, Tiger, Löwen, Falken, Adler, und andere. Sie müssen auf die Jagd abgerichtet und trainiert sein.

Das Jagdtier muss die Beute durch zufügen einer Wunde getötet haben. Es darf nicht durch etwas anderes töten, wie einen Schlag, erdrücken, ersticken, brechen des Genicks, oder etwas anderes als eine Wunde, die das Tier ausbluten lässt.

Das Jagdtier muss von einer berechtigten Person (3.1) mit der Tasmiya (3.2) auf die Beute losgelassen werden. Das Tier darf nicht von alleine auf die Beute losgehen oder zwischendurch mit etwas anderem beschäftigt sein.

Die Jagd muss legal entsprechend den jeweiligen Landesgesetzen sein; es darf nicht gewildert werden.

Die Jagd ist im Ihram der Hajj und Umrah oder im Bereich des Haram in Mekka verboten. Ausgenommen Fisch und Meeresfrüchte.

Außerhalb des Ihram gibt es keine bestimmte Zeit, in der das Jagen verboten ist.

Fisch und Meeresfrüchte sind von den Vorschriften ausgenommen. Meerestiere können ohne Tasmiya durch erschlagen, erstechen, mit Netzen oder Sprengstoff oder anderem gefangen und getötet werden. Nach einer möglichst schonenden Art und Weise ist vorzugehen.

Sie fragen dich, was ihnen erlaubt sei. Sprich: »Alle guten Dinge sind euch erlaubt; und was ihr die Jagdtiere gelehrt habt, indem ihr sie zur Jagd abrichtet und sie lehrt, was Allah euch gelehrt hat.« Also esset von dem, was sie für euch fangen, und sprecht Allahs Namen darüber aus. Und fürchtet Allah; denn Allah ist schnell im Abrechnen. [5:4]

Der Gesandte Allahs (Allahs Frieden und Segen auf Ihm) sagte: »Was von dem (Jagd-) Hund erfasst wurde, ist gleichwertig mit der Schlachtung in der vorgeschriebenen Weise.«

Der Gesandte Allahs (Allahs Frieden und Segen auf Ihm) sagte: »Wenn du eine Beute mit dem Bogen nach der Erwähnung Allahs Namen erlegt hast, esse davon.« [Sahih Buchary]

Der Gesandte Allahs (Allahs Frieden und Segen auf Ihm) sagte: »Es ist erlaubt zu essen, so lange es von der scharfen Schneide getötet wurde.« [Sahih Buchary]

Ibn Umar (Allahs Wohlgefallen Ihm) sagte: »Das Töten eines Tieres mit einem stumpfen Gegenstand ist rechtswidrig.« [Sahih Buchary]
Es darf kein zweites Jagdtier an der Seite des eigenen Jagdtiers bei der Beute gefunden werden. Da dann nicht sicher ist, welches Jagdtier die Beute erlegt hat.

Abu Tha'laba Al-Chuschanyy (Allahs Wohlgefallen Ihm) berichtete: »Ich sagte: »O Prophet Allahs, wir leben auf einem Gebiet, das zu den Leuten der Schrift gehört. Dürfen wir (Muslime) aus ihrem Geschirr essen? Und dieses Gebiet ist zugleich ein Jagdgebiet, auf dem ich mit meinem Bogen und meinem nicht abgerichteten Hund, sowie mit meinem abgerichteten Hund, jage. Was ist davon richtig für mich?« Er (Allahs Frieden und Segen auf Ihm) sagte: »Was du im Hinblick auf die Leute der Schrift erwähnt hast, so verfahre so: Wenn ihr (Muslime) anderes Geschirr findet, so esset nicht aus ihrem Geschirr. Und wenn ihr nichts findet, so spült dieses aus und esset daraus. Was aber die Jagd angeht, ist es wie folgt: Was du mit deinem Bogen getroffen und dabei den Namen Allahs ausgesprochen hast, das darfst du essen. Was du mit deinem abgerichteten Hund gejagt und dabei den Namen Allahs ausgesprochen hast, das darfst du essen. Was du aber mit deinem nicht abgerichteten

Hund gejagt hast, das darfst du nur dann essen, wenn das gejagte Tier noch am Leben ist, und du es rituell schlachten kannst.« (Buchary)

Der Gesandte Allahs (Allahs Frieden und Segen auf Ihm) sagte: »Wenn ihr euren abgerichteten Jagdhund auf die Beute loslässt, und den Namen Allahs erwähnt, dann könnet ihr essen was der Hund für euch fängt, auch wenn er die Beute tötet. Aber ihr sollt die Beute nicht essen, wenn der Hund von ihr gefressen hat, weil er dieses für sich selbst erlegt hat.« [Sahih Buchary]

`Adyy Ibn Hatim (Allahs Wohlgefallen Ihm) berichtete: »Ich fragte den Propheten (Allahs Frieden und Segen auf Ihm) über die Jagdbeute, die mit einem Pfeil ohne Klinge getroffen wird, und er sagte: »Ein Tier, das von der Spitze getroffen wird, darfst du essen. Ist es vom Pfeilstock quer erschlagen worden, so ist es ein Kadaver.« Ich fragte ihn ferner nach der Jagdbeute, die von einem Hund gepackt wird, und er sagte: »Was der Hund für dich gepackt hat, das isst du denn, was der Hund für dich packt, ist zum Essen rein. Siehst du aber, dass bei der Jagd andere Hunde mit deinem Hund oder mit deinen Hunden beteiligt waren, und du Bedenken hast, dass das Tier von einem anderen Hund getötet sein könnte, und dass dein Hund es eventuell von einem anderen schnappte, so iss es nicht, weil du den Namen Allahs nur für die Jagd mit deinem Hund sprachst, nicht aber für den anderen Hund.« [Sahih Al-Buchary]

Wenn die Beute ins Wasser fällt, ist es verboten, davon zu essen, da Zweifel besteht, ob es durch den Schuss erlegt wurde oder im Wasser ertrunken ist.

Der Gesandte Allahs (Allahs Frieden und Segen auf Ihm) sagte zu Adi ibn Hatim: »Wenn du deinen Bogen schießt, sprich den Namen Allahs. Wenn du dann die Beute tot auffindest, esst davon – es sein denn du findest sie (die Beute) im Wasser, da du in diesem Fall nicht sicher sein kannst, ob dein Feil oder das Wasser getötet hat.«

Das Tier darf auch gegessen werden, wenn es erst nach zwei oder drei Tagen gefunden wurde, noch nicht schlecht riecht und die Todesursache eindeutig ist.

`Adyy (Allahs Wohlgefallen Ihm) berichtete: »Der Gesandte Allahs (Allahs Frieden und Segen auf Ihm) sagte: Kommt es vor, dass du auf ein Tier geschossen hast und du es erst nach Ablauf von einem Tag oder zwei Tagen gefunden hast, und du bei diesem keine andere Spur als die Spur deines Pfeils siehst, so darfst du davon essen. Ist das Tier ins Wasser gefallen (und dabei verendet), so iss nicht davon.« (5484 Buchary)

Adyy (Allahs Wohlgefallen Ihm) berichtete: Ich sagte zum Gesandten Allāhs (Allahs Frieden und Segen auf Ihm): »Es kommt manchmal vor, dass der eine von uns auf ein Tier schießt, seine Spur für zwei und drei Tage verliert und es doch später tot findet, und in ihm befindet sich der eigene Pfeil (des Jägers).« Der Prophet (Allahs Frieden und Segen auf Ihm) sagte: »Wenn er will, kann er davon essen.« (Buchary 5485)

Jagd oder Angeln darf nur für einen islamisch annehmbaren Zweck geschehen, wie die Beute zu essen, zu verkaufen oder es jemanden weitergeben.
Jagd oder Fischerei ist nicht ohne Grund gestattet. Das Tier grundlos zu töten, aus Spaß oder Sport und es im Nachhinein nicht zu verwerten ist nicht erlaubt. So etwas gehört zur Kategorie »stark Makruh« (verpönt).

Der Gesandte Allahs (Allahs Frieden und Segen auf Ihm) verbot die Jagd, außer für Nahrung oder das erlegte Tier zu nutzen.

Anas (Allahs Wohlgefallen Ihm) berichtete: »Der Gesandte (Allahs Frieden und Segen auf Ihm) verbot es, angebundene oder gefangene Tiere zu erschießen.« [Sahih Buchary]

Sa`id Ibn Dschubair (Allahs Wohlgefallen Ihm) berichtete: »Ich war bei Ibn `Umar und dort gingen wir an einigen Jugendlichen vorbei, die ein gefesseltes Huhn hinstellten, um auf dieses zu zielen. Als sie Ibn `Umar sahen, verschwanden sie von der Stelle. Ibn `Umar sagte: »Wer hat das getan? Wahrlich, der Prophet verfluchte denjenigen, der so etwas tut.« [Sahih Al-Buchary]

5 Schlachten am islamischen Opferfest – ID-Ul-Adha (das Udhiyah)

ID-Ul-Adha ist das höchste islamische Fest. Es wird zum Höhepunkt der Haddsch gefeiert.
Beim Opferfest wird des Propheten Ibrahim (Friede sei mit Ihm) gedacht, der nach Überlieferung die göttliche Probe bestanden hatte und bereit war, seinen Sohn Ismael (Friede sei mit Ihm) Allah zu opfern. Als Allah (der Vollkommene, der Allerhöchste) seine Bereitschaft und sein Gottvertrauen sah, gebot er ihm Einhalt. Ibrahim und Ismail (Friede sei mit Ihnen) opferten daraufhin einen Widder.

Gründe für das Schlachten am Id-Ul-Adha

1. Der Muslim möchte sich durch diese gottesdienstliche Handlung Allah nähern.
2. Das Schlachten dient dem Spenden von Fleisch an die Armen und Bedürftigen.
3. Durch das Verschenken von Fleisch an Freunde und Verwandte wird die Liebe zwischen den Gläubigen gestärkt.
4. Schließlich isst man auch selbst mit seiner Familie davon und erfreut sich an den Gaben Allahs.

5. Durch das Schlachten, insbesondere auch in nichtislamischen Ländern, werden die islamischen Riten gezeigt und dem Wort Allahs Geltung verliehen.
6. Man ähnelt beim Schlachten den Pilgern, die an diesen Tagen im Rahmen der Haddsch ein Opfertier schlachten, und wünscht sich deren Stelle zu sein.

5.1 Verpflichtung

Die Mehrheit der Gelehrten ist der Meinung, dass es eine gefestigte Sunna-Muakkada ist. Dies ist die Rechtsmeinung von Asch-Schafi'i, die bekannte Ansicht von Malik und Ahmad. Abu Hanifa und eine der beiden überlieferten Ansichten von Ahmad sind, das es sich um eine Pflicht (Fard/Wajib) handelt.
Voraussetzung ist, dass man es sich finanziell leisten kann, ohne deshalb in finanzielle Schwierigkeiten zu geraten. Wer es auslässt, versündigt sich jedoch nicht.

Der Gesandte Allahs (Allahs Frieden und Segen auf Ihm) war ehrgeizig bezüglich des Udhiyah und verrichtete es jährlich, außer in dem Jahr, in dem er zur Haddsch ging. Für ihn war es Pflicht.

Abu Huraira (Allahs Wohlgefallen Ihm) sagte: Der Gesandte Allahs (Allahs Frieden und Segen auf Ihm) sagte: »Wer die Möglichkeit dazu hatte, aber kein Opfer erbrachte, so lass ihn sich nicht unserem Gebetsplatz nähern.« (Hadith hasan von Ahmad)

Da die Opferdarbringung ein Gottesdienst ist, zählt die Sunna für einen Mann sowie für eine Frau. Wenn eine Frau einen eigenen Haushalt führt oder diejenige mit den finanziellen Mitteln im Haushalt ist, liegt es an ihr, diese Sunna-Muakkada zu erfüllen. Sie kann auch eine freiwillige Udhiyah erbringen, wenn sie es wünscht. Besonders, wenn derjenige, der den Haushalt führt, der Pflicht nicht nachkommt. Sie benötigt dafür keinen Mahram, keine Erlaubnis noch ist sie verpflichtet jemand zu informieren. Die Menstruation ist auch kein Hindernis.

In »Al-Mawsu'atu Al-Fiqhiyyatu« (5/79-81) wurde gesagt: »Die Männlichkeit ist keine der Voraussetzungen, weder für die Verpflichtung (des Schlachtens) noch für seine Sunna. Wie es für die Männer verpflichtend ist, so ist es auch für die Frauen verpflichtend, da die Beweise für ihre Verpflichtung oder Sunna alle umfassen.«

Der Gesandte Allahs (Allahs Frieden und Segen auf Ihm) sagte am Tage von Arafat: »Oh ihr Leute, es obliegt der Familie eines jeden Hauses, jedes Jahr ein Opfertier ... zu schlachten.« (Hadith hasan von Ahmad und Abu Dawud)

Auch macht es keinen Unterschied, ob man auf Reise ist oder nicht.

Versäumte Udhiyah können nicht nachgeholt werden.

Wenn jemand die Absicht genommen hat, ein Opfertier darzubringen und es später widerruft, ist das statthaft. Sollte jedoch das Tier bestimmt worden oder mit der Absicht zum Udhiyah erworben worden sein, ist es nicht mehr widerrufbar.

Das Hadiy ist das Schlachtopfer zum gleichen Zeitpunkt während der Haddsch. Es unterliegt speziellen Bestimmungen welche zur den Haddsch Ritualen gehören. Hier wird nicht weiter darauf eingegangen.

5.2 Art des Opfertieres

Das Tier kann ein männliches oder weibliches Scharf, Ziege, Kamel oder Rind sein. Eine andere Art von Tier ist nicht zugelassen. Es muss auch ein Zuchttier und darf kein Wild sein.

Das beste und zu bevorzugende Opfer ist ein Kamel, dann ein Rind, dann ein Schaf, dann eine Ziege; wenn man das ganze Tier opfert. Danach ein Siebtel eines Kamels, dann ein Siebtel eines Rindes.

Und jedem Volk gaben Wir eine Anleitung zur Opferung, auf daß sie des Namens Allahs für das gedenken mögen, was Er ihnen an Vieh gegeben hat. So ist euer Gott ein Einziger Gott; darum ergebt euch Ihm. Und die frohe Botschaft gib den Demütigen. [22:34]

5.3 Ausführende Person

Das Schlachtopfer des ID-Ul-Adha (das Udhiyah) unterliegt den allgemeinen Vorschriften zur islamischen Schlachtung. Jedoch darf die ausführende Person nur ein Muslim sein, kein Jude oder Christ wie bei der Schlachtung zur Fleischgewinnung. Ein Jude oder Christ dürfte nur bei der Zerteilung oder Weiterverarbeitung mitarbeiten.
Es ist auch wichtig, die Absicht speziell zum Udhiyah gefasst zu haben.

Das Udhiyah sollte mit den eigenen Händen, der darbringenden Person geschlachtet werden. Sollte die Person dazu nicht im Stande sein, sollte sie zumindest anwesend sein und das ist Mustahabb. Sollte man dazu auch nicht im Stande sein, kann man auch abwesend sein.

5.4 Ausspruch/Bittgebet während der Schlachtung

Das folgende Bittgebet wird bei der Schlachtung des Udhiyah gesprochen:

Bismillaah, wa Allaahu akbar, Allaahumma haadha minka wa laka, haadha 'anni (oder wenn das Opfer jemand anderem gewidmet ist; haadha 'an (Name der Person(en)), Allaahumma taqabbal min (Namen) wa aali (Namen).

Im Namen Allahs, Allah ist der Allerhöchste. Oh Allah, das ist von Dir für Dich. Es ist in meinem Namen (oder dem Namen dem es sonst gewidmet ist). O Allah, akzeptiere diese Opfergabe von (Namen) und der Familie (Namen).

Bismillaah ist der Pflichtteil (Fard). Allahu Akbar ist Mustahabb. Beides wie bei der gewöhnlichen Schlachtung. Der Rest ist spezifisch für das Udhiyah und auch Mustahabb.

Die Absicht muss nicht noch einmal genommen oder gesprochen werden. Die Absicht wird zur Zeit des Erwerbs des Tieres bereits gefasst.

5.5 Mindestalter der Schlachttiere

- **Schafe**: mindestens sechs Monate nach Hanafis und Hanbalis. Und mindestens ein Jahr nach Maalikis und Shaafa'is. Vorzugsweise ab einem Jahr.
- **Ziegen**: mindestens ein Jahr nach Hanafis, Hanbalis und Maalikis. Und mindestens zwei Jahre nach Shaafa'is.
- **Rinder:** mindestens zwei Jahre nach Hanafis, Shaafa'is und Hanbalis. Und mindestens drei Jahre nach Maalikis.
- **Kamele**: mindestens fünf Jahre nach Hanafis, Hanbalis, Maalikis und Shaafa'is.

- Dieses sind Mindestalter, nicht Höchstalter. Das geopferte Tier darf nicht jünger, jedoch älter sein und das ist besser.

Der Prophet (Allahs Frieden und Segen auf Ihm) sagte: »Opfert nichts außer einem erwachsenen Tier, es sei denn, es ist schwierig für euch, in diesem Fall könnt ihr ein sechs Monate altes Lamm opfern.« (Hadith von Muslim)

5.6 Beschaffenheit des Tieres

- Es ist Sunna, ein fleischreiches Tier im optimalen Zustand zu opfern. Kleinere Mängel disqualifizieren das Tier nicht, sind jedoch makruh; fehlendes Horn oder Ohr, Schnitte in den Ohren, entferntes Gebiss, entfernter Penis, entfernte Zitzen, usw.
- Außerdem sind Tiere makruh, die blind, überfressen, trächtig, verletzt oder behindert sind
- Der Schwanz darf fehlen. Sei es durch Geburt oder chirurgischen Eingriff. Teile des Gesäßes dürfen nicht abgeschnitten worden sein.
- Das Tier kann kastriert oder unkastriert sein. Es gibt Meinungsverschiedenheiten unter den Gelehrten, welches der beiden zu bevorzugen ist.
- Sollte das Tier einen disqualifizierenden Mangel erleiden, nachdem es bereits mit der Absicht zur Udhiyah erworben wurde, ist das Tier noch zugelassen, falls der Schaden nicht vom Besitzer verschuldet wurde. Falls der Besitzer aber diesen Schaden zu verschulden hat, muss das beschädigte Tier für das Udhiyah mit einem anderen mangelfreien Tier ausgetauscht werden. Das Beschädigte kann von Besitzer anderweitig nach Belieben verwendet werden. Fahrlässigkeit führt zur Verschuldung.
- Ein trächtiges Tier ist als Udhiyah zugelassen, wenn es keinen disqualifizierenden Mangelaufweist. Nach der Schaafai Mathab ist es nicht zugelassen. Der Fötus gehört dann mit zum Opfer und muss auch geschlachtet werden.
- Nachdem ein Tier für das Opfer bestimmt wurde (durch Absicht, Kauf oder Aussuchen) muss jegliche Nachkommenschaft die nach dieser Bestimmung geboren wird mitgeopfert werden.
- Hermaphroditismus (doppeltgeschlechtliches Tier) ist kein Grund zur Disqualifikation.
- Mängel die das Tier disqualifizieren sind:

- Defekt an Augen
- offensichtliche Krankheit
- deutliche Lahmheit
- Abmagerung, welche das Knochenmark schwinden lässt
- Es dürfen keine Glieder fehlen

Der Prophet (Allahs Frieden und Segen auf Ihm) sagte: »Es gibt vier, die nicht für das Opfer taugen: eine einäugiges Tier, dessen Mangel offensichtlich ist, ein krankes Tier, dessen Krankheit offensichtlich ist, ein lahmes Tier, welches offensichtlich schlaff ist, und ein abgemagertes Tier, das kein Knochenmark in seinen Knochen hat.« Sahieh, Sahih al-Jami)

5.7 Erwerb

- Die Auswahl eines Opfertieres geschieht mit absichtlichem Erwerb oder verbaler Auswahl aus der Herde. Danach ist es für die Opfergabe bestimmt und gehört Allah.
- Das Tier darf nach dem Erwerb nicht wieder verkauft oder verschenkt werden. Es darf (mit entsprechender Absicht) gegen ein besseres Tier ausgetauscht werden.
- Sollte das für das Udhiyah erworbene Tier vor der Schlachtung sterben, gestohlen werden oder weglaufen, muss kein neues Tier erworben werden. Es sei denn der Besitzer hat dies zu verschulden. Fahrlässigkeit führt zur Verschuldung.
- Das Tier muss rechtmäßig erworben worden sein. Man muss es also legal besitzen.
- Das Geld zur Erwerb darf nicht aus Haram-Einnahmen bestehen.
- Das Geld für das Udhiyah kann geliehen werden, wenn die Aussicht besteht, es zurückzahlen zu können. Es besteht jedoch keine Pflicht eine Verschuldung für das Udhiyah auf sich zu nehmen.

- Bereits vorhandene Schulden haben Vorrang und müssen zurückgezahlt werden, bevor Geld für das Udhiyah verwendet wird.
- Es ist nicht erlaubt, ein Udhiyah von Sozialhilfe zu kaufen. Sozialhilfe ist nur für Bedürftige bestimmt und nur denen erlaubt. Das Udhiyah ist dem Bedürftigen nicht vorgeschrieben.

5.8 Anzahl der Opfertiere

Ein Opfer wird für eine Person und ihren Haushalt erbracht. Jeder der Hausangehörigen ist inbegriffen, den er mit seiner Absicht mit eingeschlossen hat. Sei dieser verstorben oder am Leben. Falls sie keine umfassende oder spezielle Absicht gefasst hat, wird jeder Hausangehörige automatisch miteinbezogen. Der Begriff Hausangehörige umfasst alle im Haushalt lebenden Personen: Ehegatte, Kinder und andere Verwandte, sei es von der eigenen Nachkommenschaft, die seines Vaters, seines Großvaters und des Urgroßvaters.

Haushaltsangehörige die aus der Absicht ausgeschlossen wurden, müssen nicht separat opfern. Sie sind davon befreit.

Die Gelehrten haben bezüglich der Definition der »Hausangehörigen« (Ahl Al-Bayt), für welche ein einziges Id-Opfertier ausreichend ist, vier unterschiedliche Ansichten.
Erste Ansicht (Malikiten): drei Voraussetzungen müssen erfüllt werden: 1. Der Opfer-Darbringende muss sie finanzieren, 2. Sie müssen Verwandten sein, 3. Sie müssen zusammen wohnen. Die zweite Ansicht (Ansicht einiger späterer schafi'itische Gelehrten): Es sind alle die finanziell von Haushalt abhängig sind. Die dritte Ansicht: Es sind alle Verwandten des Opfer Darbringenden, selbst wenn er sie nicht finanziell versorgt. Die vierte Ansicht (andere Schafi'iten): Es sind alle Mitbewoh-

ner des Opfer-Darbringenden, selbst wenn sie nicht zu seinen Verwandten gehören.

Die Größe des Haushaltes oder Anzahl der Hausangehörigen ist nicht limitiert.

Männer, die mehrere Haushalte besitzen bzw. mehrere Ehefrauen haben, müssen nur ein Opfer darbringen.

Mehrere Familien, die zusammen in einen Haushalt leben, können sich das Opfertier teilen.

Wenn mehrere Personen aus einem Haushalt Udhiyah darbringen, sind dieses freiwillige Taten und Gottesdienst.

Ata ibn Yasar (Allahs Wohlgefallen Ihm) sagte: »Ich fragte Abu Ayyub Al-Ansari ,(Allahs Wohlgefallen Ihm) wie die Opferung zur Zeit des Gesandten Allahs (Allahs Frieden und Segen auf Ihm) war, und er sagte: zur Zeit des Gesandten Allahs (Allahs Frieden und Segen auf Ihm) opferte ein Mann ein Schaf für sich und seinen Haushalt. Er aß davon und spießte andere.«

Verwandte (auch Kinder) die einen eigenen Hausstand besitzen, gehören nicht zu den Angehörigen eines einzelnen Haushaltes.

Das Udhiyah-Opfer wird üblicherweise für die Lebenden verrichtet. Gestorbene Haushaltsmitglieder oder Verwandte können aber in die Absicht mit einbezogen werden. Es ist auch statthaft für die Gestorbenen zu opfern, wenn dieses im Testament festgehalten wurde. Nach einigen Gelehrten ist es auch erlaubt, für gestorbene Angehörige separat zu opfern, wenn dieses nicht aus Verpflichtung oder Brauch geschieht, wie z.B. es in manchen Kulturen Brauch ist, ein Jahr nach dem Versterben für Angehörige zu opfern. Das Opfern für die Verstorbenen gehört jedoch nicht zur Sunna. Somit dürfen auch keine Schlachtopfer für den

Gesandten Allahs (Allahs Frieden und Segen auf Ihm) oder in seinem Auftrag dargebracht werden.

Es ist möglich, das Opfer für eine andere lebende Person zu verrichten. Die Erlaubnis dieser Person ist erforderlich, da es sich um einen Gottesdienst handelt. Und ein Gottesdienst ist nur mit der entsprechenden Absicht gültig.

Ein Schaf oder eine Ziege genügt für eine Person. Das Siebtel eines Kamels oder das Siebtel eines Rindes ist für denjenigen ausreichend, für den auch ein (einziges) Schaf oder eine einzige Ziege ausreichend ist.
Ein (einziges) Opfertier von den Schafen oder Ziegen ist für zwei und mehr Personen, welche es zusammen kaufen und schlachten, nicht ausreichend. Dies aufgrund dessen, dass weder im Buch Allahs noch in der Sunna etwas diesbezüglich überliefert wurde. Genauso, wie es nicht ausreichend ist, dass sich acht und mehr Personen ein Kamel oder ein Rind teilen (maximal sieben).

Eine Obergrenze von Schlachtopfern gibt es nicht. Es können also beliebig viele Tiere geopfert werden. Das Minimum von einem oder wenigen Tieren ist jedoch empfohlen, da es eher Sunna ist und da viele Menschen schnell der Angeberei verfallen.

Es ist wichtig, vor der Schlachtung alle Teile des Tieres zu identifizieren und Personen zuzuordnen, die es teilen. Möglichst soll es auch vorher ausgesprochen werden.

Es ist möglich, die Udhiyah-Teile des Kamels oder Rindes mit Partnern zu teilen die nur das Fleisch haben wollen und kein Udhiyah beabsichtigen. Das beeinflusst diejenigen, die Udhiyah opfern, nicht.

Es ist nicht erlaubt, einen der Teile des Rindes oder des Kamels der Absicht der Aqiqa zu widmen, da für das Aqiqa nur einzelne Tiere gültig sind. Jedoch können die übrigen Teile des Udhiyah (von den sieben des Kamels oder Rindes) auch für beliebig andere Absichten verwendet werden.

Der Pilger zur Haddsch unterliegt nicht der Verpflichtung des Udhiyah, jedoch den Bestimmungen zum Hadiy. Die zurückgebliebenen Haushaltsangehörigen des Pilgers müssen jedoch das Udhiyah darbringen, auch wenn der Pilger das Hadiy dargebracht hat.

5.9 Zeitpunkt

Die Schlachtung muss in dem festgelegten Zeitraum vollzogen werden. Dieser beginnt nach dem Festtagsgebet (Id-Gebet) am Opfertag und zieht sich bis zum Sonnenuntergang des letzten Tages von den Tagen des At-Taschriq, welches der dreizehnte Tag vom Monat Dhul-Hijja ist. Somit sind die Tage des Schlachtens vier: der Tag vom Opferfest, und zwar nach dem Gebet, und die drei ihm nachfolgenden Tage. Wer nun vor der Beendigung des ID-Gebets oder nach dem Sonnenuntergang des dreizehnten Tages von Dhul-Hijja schlachtet, so ist diese Schlachtung ungültig.

Der Gesandte Allahs (Allahs Frieden und Segen auf Ihm) sagte: »Wer nun vor dem Gebet geschlachtet hat, so ist es lediglich Fleisch, welches er seiner Familie serviert hat, und hat mit dem Opferritual nichts zu tun.« (Buchary)

Der Gesandte Allahs (Allahs Frieden und Segen auf Ihm) sagte: »Wer bereits vor dem Gebet geschlachtet hat, der soll zusätzlich zu diesem Tier noch ein anderes schlachten, und wer noch nicht geschlachtet hat, der soll im Namen Allāhs sein Tier schlachten.« (Buchary 5500)

Und von Nubayscha Al-Hadhali (Allahs Wohlgefallen Ihm) wurde überliefert, dass er sagte: »Der Gesandte Allahs (Allahs Frieden und Segen auf Ihm) sagte: »Die Tage von At-Taschriq sind Tage des Essens, Trinkens und der Erwähnung Allahs, des Mächtigen, des Gewaltigen. (Muslim)

Falls sich ein besonderer Hinderungsgrund ereignet, sodass er es bis nach den Tagen von At-Taschriq verspätet, wie z.B. weil sein Opfertier, ohne sein Verschulden, geflüchtet ist und er es erst nach dem Verstreichen der Zeit findet, oder dass er jemanden mit dem Schlachten beauftragt und dieser es vergisst, bis die Zeit verstrichen ist, so gibt es keinen Einwand dagegen, dass es aufgrund des Hindernisgrundes nach dem Verstreichen der Zeit verspätet geschlachtet wird. Dieses als Folgeschluss auf denjenigen, der ein Gebet verschlafen oder vergessen hat, so verrichtet er es, wenn er aufwacht oder sich daran erinnert. Das Schlachten des Opfertieres ist zu Tag und Nacht erlaubt. Wobei das Schlachten am Tag besser ist. Sowie das Schlachten gleich am Festtag nach den zwei Predigten vom Gebet. Und jeder Tag ist besser als der folgende. Aufgrund der Eile, die beim Verrichten von guten Tagen angebracht ist.

Al-Bara (Allahs Wohlgefallen Ihm) berichtete: Ich hörte den Propheten (Allahs Frieden und Segen auf Ihm) während er eine Ansprache hielt, in der er sagte: »Das erste, mit dem wir an diesem unserem Tag beginnen, ist, dass wir beten, alsdann zurückkehren, um zu schlachten. Wer dieses tut, der verfährt nach unserer Sunna, und wer vor dem Gebet bereits geschlachtet hat, so ist das nur Fleisch, das er seiner Familie gibt und mit dem Opfern nichts zu tun hat.« Da stand Abu Burda Ibn Niyar (Allahs Wohlgefallen Ihm) – der bereits geschlachtet hatte – auf und sagte: »Ich habe noch ein Schlachttier.« Der Prophet (Al-

lahs Frieden und Segen auf Ihm) sagte:»Schlachte es, damit dir der Lohn davon nicht entgeht.«(Sahih Al-Buchary)

5.10 Verbleib des Fleisches

Das Fleisch des Schlachtopfers soll in drei Teile geteilt werden: Ein Drittel soll selbst gegessen werden, ein Drittel soll an Verwandte/Freunde verschenkt werden und ein Drittel soll als Sadaqa/Almosen vergeben werden. Es ist zu bevorzugen in drei gleichmäßige Teile zu teilen. Das ist aber keine unbedingte Voraussetzung. Jeder Teil ist Mustahabb. Wenn mehrere Tiere geschlachtet werden, ist es Mustahabb, jedes einzelne Tier in drei zu teilen und von jedem etwas zu essen, zu schenken und zu spenden.
Ein Teil kann an beliebige Personen verschenkt werden. Die nahestehenden Personen sind zu bevorzugen. Es können aber auch fremde oder wohlhabende Personen sein.
Etwas vom Fleisch an Bedürftige zu spenden ist Pflicht, um die Gültigkeit des Udhiyah zu bewahren. Da der eigentliche Sinn die wohltätige Spende ist. Es ist auch noch gültig, das ganze Fleisch in Almosen zu geben. Sollte alles bereits gegessen sein, muss mindestens ein Stück Fleisch im Nachhinein gekauft und es an Bedürftige abgegeben werden.

Es ist also Pflicht, wenigstens einen kleinen Teil für Bedürftige Muslime zu geben. Diese Vergabe muss nicht direkt, sondern kann auch durch dritte Personen oder Organisationen geschehen. Nach dem Pflichtteil für bedürftige Muslime kann Fleisch auch an bedürftige Nicht-Muslime vergeben werden.

Darum esset davon und speist den Notleidenden, den Bedürftigen. *[22:28]*

Und für den Opferbrauch Allahs haben Wir für euch die großen Kamele bestimmt. An ihnen habt ihr viel Gutes. So sprecht den Namen Allahs über sie aus, wenn sie gereiht dastehen. Und wenn ihre Seiten (auf dem Boden) liegen, so esset davon und speist den Genügsamen und den Bittenden. So haben Wir sie euch dienstbar gemacht, auf daß ihr dankbar sein möget. [22:36]

Es ist Sunna, nach dem Festgebet die Schlachtung zu verrichten und dann von dem Udhiyah zu essen. Wobei dies das erste Mahl des Tages ist.

Buraydah (Allahs Wohlgefallen Ihm) sagte: »Der Gesandte Allahs (Allahs Frieden und Segen auf Ihm) pflegte nicht am Tag ID- al-Fitr das Haus zu verlassen, bis er gegessen hatte, und er pflegte am Tag des Id- ul-Adha nicht zu essen, bis er zurückkam, dann würde er von seinem Opfer essen.« (Ahmad)

Kein Teil der Schlachtung darf verkauft oder als Zahlung gegeben werden. Auch nicht wenn das Geld als Almosen gespendet wird. Nicht einmal die Haut oder irgendein anderes Teil des Tieres. Sollte ein Schlachter die Schlachtung gegen Bezahlung vornehmen, darf die Bezahlung nicht aus irgendeinem Teil des Tieres bestehen. Dem Schlachter darf aber Almosengabe vom Fleisch zukommen. Der Empfänger der Opfergabe kann diese jedoch verkaufen. Sei es eine Bedürftige Person oder eine wohltätige Organisation.

Ali (Allahs Wohlgefallen Ihm) sagte: »Der Gesandte Allahs (Allahs Frieden und Segen auf Ihm) befahl mir, mich um sein Opfer zu kümmern und dessen Fleisch, Haut und Kleidung in Almosen zu geben, und nichts davon an den Metzger als Vergütung zu geben. Er sagte: »Wir werden ihm etwas von dem, was wir haben, geben.« (Buchary).

Die Verteilung sollte in einigen Tagen erledigt sein. Dazu ist aber nicht direkt angewiesen. Der Teil des Fleisches, der für den Opferbringenden zum Verzehr bestimmt ist, kann auch noch längere Zeit gelagert werden. Sollte jedoch ein dringender Anlass bestehen, wie z.B. eine Hungersnot, so ist es Pflicht, das Fleisch in wenigen Tagen zu verteilen und nicht zurückzubehalten.

Salama Ibn Al-Akwa' (Allahs Wohlgefallen Ihm) berichtete: Der Prophet (Allahs Frieden und Segen auf Ihm) sagte: »Wer von euch ein Schlachttier geopfert hat, der soll nicht etwas davon in seiner Wohnung nach Ablauf von drei Nächten zurückbehalten.« Ein Jahr später fragten ihn die Leute: O Gesandter Allahs, sollen wir diesmal wie im vergangenen Jahr verfahren? Der Prophet (Allahs Frieden und Segen auf Ihm) sagte: Esset davon, speist (die anderen) und hebt noch etwas davon auf, denn im vergangenen Jahr befanden sich die Leute in einer Not und ich wollte, dass ihr dabei helft.« (Sahih Al-Buchary Nr. 5569)

5.11 Enthaltsamkeit vor der Opfergabe

Demjenigen, der das Schlachtopfer darbringt, ist es verboten nach Beginn des Monats Dhul-Hijja bis zur Vollbringung des Opfers etwas von seiner Körperbehaarung, seinen Nägel oder etwas von seiner Haut zu entfernen, bzw. kürzen oder schneiden.

Umm Salama (Allahs Wohlgefallen Ihr) berichtet, dass der Prophet (Allahs Frieden und Segen auf Ihm) sagte: »Wenn ihr den Hilal (Neumond) des Dhul-Hidschah seht und einer von euch will ein Opfer darbringen, dann soll er nichts von seinem Haar und seinen Nägeln schneiden bis das Opfer dargebracht ist.« (von Muslim und anderen.)

Es ist nicht mit dem Ihram-Zustand der Haddsch und Umrah gleichzusetzen. Das Anziehen von neuer Kleidung, die Verwendung von Henna oder Duft sowie der Beischlaf sind nicht verboten.

Diese Plicht der Enthaltsamkeit gilt nur für denjenigen, dem das Opfer gehört und es darbringt. Nicht für den Rest seiner Haushaltsangehörigen, für die das Opfer auch mit zählt. Auch nicht für denjenigen, der mit der Schlachtung beauftragt wurde und sie im Namen des Besitzers ausführt.

Dasselbe trifft auch auf eine Frau zu, die das 'Id-Opfer für sich schlachten möchte. Ungeachtet dessen, ob sie verheiratet ist oder nicht.

Dies ist Verpflichtung (Wajib) für denjenigen, der das Schlachtopfer darbringt. Es gibt keine Ersatzhandlung bei Nichtbeachtung dieser Regel. Wer dieser Verpflichtung nicht nachkommt, muss Reue (Tauba) zeigen und um Vergebung (Istighfar) bitten.

Ibn Qudama (möge Allah ihm barmherzig sein) sagte: »Wenn dieses bestätigt ist, so unterlässt er das Schneiden der Haare und der Nägel. Und falls er es doch tut, so soll er Allah, erhaben sei Er, um Vergebung bitten. Nach dem Konsens der Gelehrten ist er zu keinem Ersatz (Fidya) verpflichtet, ungeachtet dessen, ob er es absichtlich oder aus Vergessenheit getan hat.« (Al-Mughni 9/346)

Wer nicht opfern kann, weil er nicht in der Lage dazu ist, unterliegt auch nicht dieser Verpflichtung der Enthaltsamkeit.

Ibn Hazm (möge Allah ihm barmherzig sein) sagte: »Wer ein 'Id-Opfertier schlachten will, so ist es ihm mit der Erscheinung des Neumondes von Dhul-Hijja verpflichtend (Fard), dass er weder von seinem Haar, noch seinen Nägeln etwas ent-

fernt, weder durch Rasieren oder Kürzen, noch durch etwas anderes, bis er (dann) geschlachtet hat. Und wer nicht schlachten will, so ist dies für ihn nicht verbindlich.« (Al-Muhalla 3/6)

Sollte die Absicht zur Udhiyah erst nach Anfang der 10-Tage-Frist gefasst werden, muss die Enthaltsamkeit ab dieser Erfassung der Absicht eingehalten werden. Was vorher von Haar und Nagel entfernt wurde, zählt in diesem Fall nicht als Sünde.

Der Nutzen dieser Enthaltsamkeit
Asch-Schaukani sagte: »Die Weisheit hinter dem Verbot ist, dass er, für die Befreiung vom Höllenfeuer ganz bleibt.« (in Nayl Al-Awtar 5/133)

Die Enthaltsamkeit muss eingehalten werden bis zur eigentlichen Schlachtung des Opfertieres. Auch wenn die Schlachtung an den späteren Tagen des erlaubten Zeitraumes geschieht.

Das Haar kann gekämmt werden, wenn dies nicht zu Haarausfall führt. Abgestorbenes Haar darf aber heraus gekämmt oder geföhnt werden.

In Not-Situationen kann Haar oder Nagel geschnitten werden. In so einem Fall versündigt man sich nicht.

5.12 Den Preis des Udhiyah als Spende in ein anderes Land schicken

Das Opfer des ID-Festes soll von der Person, die dafür ausgibt, selber dargebracht werden. Und das in dem Land, in dem die Person lebt. Oder eine Person aus dem unmittelbaren Umfeld kann dafür beauftragt werden (bis 80 km Entfernung). Nur so können all die damit zusammenhängenden Pflichten erfüllt werden und nur so kann von dem Segen dieser Tat profitiert werden.

Wie oben gesehen ist das Udhiyah Pflicht für diejenigen die es sich leisten können. Die Person, die das Opfer darbringt, hat viel Segen und Belohnung bei Allah für diese Tat zu erwarten. Also wäre es widersprüchlich, es zu denen zu schicken, die es sich nicht leisten können.
Die opfernde Person sollte anwesend sein und alle Pflichten dieser Schlachtung beaufsichtigen und die Verteilung sicherstellen. Das kann nicht gewährleistet werden, sollte die Opferung in einem fernen Land geschehen.
Auch könnte die darbringende Person nicht von dem Fleisch seinen Teil haben und davon essen. Dies ist jedoch in den Ayat 22;28 und 22;36 an erster Stelle vorgeschrieben (beide Ayat sind unter Punkt 5.10 ausgeschrieben).

Hat die opferdarbringende Person seine Familie und Haushalt im Ausland, ist es gestattet, den Geldbetrag dorthin zu schicken und das Udhiyah von seiner Familie ausführen zu lassen. Dabei muss sichergestellt werden dass alle Bedingungen des Udhiyah eingehalten werden.

Den Opferbrauch zu verrichten und das Fleisch zu spenden, ist besser, als den Preis zu spenden. Das Udhiyah ist ein besonderer und vorgeschriebener Gottesdienst und Zeichen des Islam. Es ist vorgeschrieben diesen Brauch zu praktizieren und das Zeichen der Religion sichtbar zu machen. Das Udhiyah ist vorgeschrieben, die Sadaqa (Almosen) ist jedoch eine freiwillige Tat.

Shaykh al-Islam Ibn Taymiya (möge Allah ihm gnädig sein) sagte in al-Fatawa al-Kubra, 5/382:
Haddsch in der vorgeschriebenen Weise getan ist besser als Almosen, welches nicht verpflichtend ist. Aber wenn er Verwandte hat, die in Not sind, dann ist es besser für diejenigen, die auf ihn angewiesen sind, auszugeben. Aber wenn beide Taten freiwillig sind, dann ist Haddsch besser, denn es ist ein Gottesdienst, der sowohl körperlich als auch finanziell ist. So ist auch

das Schlachtopfer des Aqiqa oder Udhiyah besser, als seinen Preis als Almosen zu vergeben.

Darum bete zu deinem Herrn und schlachte (Opfertiere). [108:2]

Sprich: »Mein Gebet und meine Opferung und mein Leben und mein Tod gehören Allah, dem Herrn der Welten.« [6:162]

In besonderen Situationen, z.B. Krankheit, große Not von Muslimen in anderen Ländern, dringende Schuldentilgung oder um anderen Schaden abzuwenden, ist es vorzuziehen das Geld zu versenden oder zu Spenden, um das Leiden zu mindern. Dies zählt dann als Saqada und nicht als Udhiyah.

Muslime die in Ländern leben, in denen die islamische Schlachtung gesetzlich verboten ist, sollten den Preis des Udhiyah und des Aqiqa in ein anderes Land schicken, um dort diese Verpflichtung auszuführen.

6 Schlachten zur Geburtsfeier eines Kindes – (die Aqiqa)

Aqiqa bezieht sich auf die Sunna-Muakkada ein Schlachtopfer zu Gunsten eines Neugeborenen am siebten Tag nach dessen Geburt darzubringen. Durch diesen Gottesdienst wird Allahs (der Vollkommene, der Allerhöchste) Wohlgefallen auf das Kind erhofft. Eine Seele (des Schlachtopfers) wird als Erlös für die Seele des Kindes dargebracht. Somit wird Schaden vom Kind abgewandt und der Einfluss des Satan auf das Kind gebrochen.

Salmân Ibn `Âmir (Allahs Wohlgefallen Ihm) berichtete, dass er den Gesandten Allâhs (Allahs Frieden und Segen auf Ihm)* *folgendes sagen hörte: »Für einen Neugeborenen soll eine `Aqiqa vorgenommen werden. So lasset für ihn schlachten und wendet von ihm damit den Schaden ab.« (Buchary)

Die Sunna-Mustahabb ist für den neugeborenen Jungen zwei Schafe und das neugeborenes Mädchen ein Schaf zu schlachten. Es kann ein Schaf, ein Kamel oder ein Rind sein. Die beiden Tiere für den Jungen sollten sich ähnlich sein. Ob es männliche oder weibliche Tiere sind, spielt keine Rolle.

Der Gesandte Allahs (Allahs Frieden und Segen auf Ihm) sagte: »Wer ein Kind geboren hat und ein Opfer für dieses darbringen möchte, lass es ihn so verrichten, für einen Jungen zwei sich ähnelnde Schafe und für ein Mädchen ein Schaf.« (Abu Dawud 2842)

Umm Kurz Al-Ka`abia (Allahs Wohlgefallen Ihm) berichtete: Ich hörte den Gesandten Allahs (Allahs Frieden und Segen auf Ihm) sagen: »Für einen Jungen zwei sich ähnelnde Schafe und für ein Mädchen ein Schaf.« (Hadith bei Ahmad und At-Timidhi)

Das Aqiqa wird nach der Sunna am siebten Tag nach der Geburt des Kindes zusammen mit den anderen Ritualen der Geburt ausgeführt. Die Gelehrten sind geteilter Meinung, ob der Geburtstag zu diesen sieben Tagen dazuzählt oder nicht.
Es ist aber auch akzeptabel, diesen Tag vor den siebten oder nach den siebten Tag zu verschieben, wenn es notwendig ist und es einen Grund dafür gibt. Durch die Verspätung versündigt man sich nicht und macht die Aqiqa nicht ungültig. Die Aqiqa darf nur nicht vor die Geburt fallen. Dadurch wäre sie ungültig. Es spricht nichts gegen eine feierliche Einladung zu dieser Gelegenheit, als Zeichen der Freude und Dankbarkeit über Allahs Gnade und Barmherzigkeit.

»Jedes Kind ist an seine Aqiqa gebunden. An seinem siebten Tag soll sie für ihn geschlachtet werden, ihm sein Name gegeben und ihm seine Haare geschnitten werden.« (Tirmidhi)

Eine Person, die im Laufe des Lebens ihren Namen wechselt, muss nicht noch einmal die Aqiqa durchführen.

Für ein totgeborenes Kind oder einen Fötus, der nach dem Erreichen von vier Monaten tot geboren wird, sollte eine Aqiqa dargebracht werden. Von einer feierlichen Einladung kann abgesehen werden. Stattdessen kann das Fleisch verteilt und gegessen werden.

Die Pflicht, das Aqiqa darzubringen, obliegt nach der Sunna dem Vater des Kindes. Es ist ein Geburtsrecht des Kindes gegenüber dessen Vater. Sollte der Vater seiner Pflicht nicht nachkommen, weil er finanziell dazu nicht in der Lage ist oder sich weigert, kann auch die Mutter oder eine andere Person diese Pflicht freiwillig übernehmen. Sollte der Vater sich weigern, muss seine Erlaubnis nicht eingeholt werden. Er kann jedoch auch jemanden in seinem Namen beauftragen, die Aqiqa auszuführen. Und das ist besser als sie zu verschieben.

Durch Unterlassen versündigt man sich nicht. Die Aqiqa ist auch nicht Mustahabb für denjenigen, der finanziell dazu nicht in der Lage ist. Sie darf nur mit einem Kredit finanziert werden, wenn die Rückzahlung gewährleistet ist.

Die Aqiqa kann nachgeholt werden, sollte die Person zu einem späteren Zeitpunkt die finanziellen Möglichkeiten haben. So vergeht der gültige Zeitraum nicht. Man kann es also auch nach vielen Jahren für das Kind nachholen. Jedoch ist es umso besser, je eher man es erledigt. Eine Person kann es auch für sich selber nachholen, sollte niemand dieser Pflicht nicht nachgekommen sein.

Konvertiten können das Aqiqa für sich und ihre Kinder auch nachholen. Das Nachholen im Erwachsenenalter ist aber weder verpflichtend noch Sunna.

Eins der beiden Tiere für einen Jungen kann auch zu einem späteren Zeitpunkt dargebracht werden, um das Aqiqa später fertigzustellen.

Die darbringende Person muss es mit der Absicht für das Aqiqa schlachten. Es ist nicht gültig, das komplette Tier vor der Schlachtung ganz zu vergeben. Das Tier muss geschlachtet werden und das Fleisch muss vergeben werden.
Über den Verbleib des Fleisches gibt es keine Bestimmungen. Daher kann beliebig über das Fleisch verfügt werden. Es ist auch noch gültig, das ganze Fleisch zu essen, es für die Aqiqa-Feier zu verwenden oder für eine andere Feier. Oder es kann alles verteilt werden. Einen Pflichtteil zu verzehren wie beim Udhiyah gibt es nicht.
Es ist eine Sunna der Ahlu-al-Sunna das Fleisch im fertig zubereiteten Zustand zu verteilen anstatt das rohe Fleisch zu verteilen. Es spricht aber auch nichts dagegen, das rohe Fleisch zu vergeben.
Die Gelehrten raten dazu, wie beim Udhiyah vorzugehen und es in drei Teile zu teilen: einen Teil zum Eigenverzehr, einen an Bekannte und Verwandte verschenken und einen Teil als Almosen an Bedürftige.

Nach einer Überlieferung von Ibn Abi Shaybah berichtet Aischa (Allahs Wohlgefallen Ihr): »Es soll in Portionen geteilt werden (an den Gelenken abgetrennte einzelne Stücke, die Knochen nicht zerspalten und nicht mit anderen Teilen vermischt), einiges davon soll gegessen werden und einiges davon soll an andere vergeben werden.«

Es ist nicht verpflichtend für die Gültigkeit des Aqiqa, dass die Personen, die von dem Fleisch essen oder es empfangen, wissen, dass es einer Aqiqa entstammt. Es ist jedoch besser, da viele Personen Duaa für das Kind machen könnten.

Bezüglich des Mindestalters und des Zustands des Aqiqa-Opfers gelten die gleichen Regeln wie beim Udhiyah. (siehe 5.5 und 5.6)

Kamel, Rind oder Schaf ist für das Aqiqa erlaubt. Jedoch ist das Schaf das beste Tier in diesem Fall und zu empfehlen, da es die Sunna ist. Es ist nicht erlaubt, einen der Teile des Udhiyah-Opfers von Kuh oder Kamel der Absicht der Aqiqa zu widmen. Für das Aqiqa müssen zwei Seelen (ganze Tiere) für einen Jungen und eine Seele (ganzes Tier) für ein Mädchen dargebracht werden.

Auch für Zwillinge oder wenn für mehrere Kinder das Aqiqa gleichzeitig nachgeholt wird, ist ein Teilen des Opfertieres nicht erlaubt.

Sollte die Aqiqa auf den Tag des Id-Ul-Adha fallen, ist es nach einigen Gelehrten erlaubt, ein einziges Schlachtopfer für beide Angelegenheiten darzubringen.

Den Preis für das Aqiqa zu spenden anstatt es auszuführen ist nicht gültig.

7 Fleisch in nicht-islamischen Ländern

Die Gelehrten sind sich einig, dass Tiere unbedingt zu den Regeln der Scharia geschlachtet werden müssen, damit deren Fleisch als Halal gilt.

Sollte die Herkunft und die Schlachtmethode des Fleisches jedoch nicht bekannt sein, ist es trotzdem Halal und erlaubt dieses Fleisch zu essen. Voraussetzungen sind folgende; das Fleisch muss von erlaubten Tieren stammen (1), sowie nachweisslich von berechtigten Personen (3.1) geschlachtet wurden sein und auch von solchen angeboten werden (also vertrauenswürdigen Personen aus 3.1 - Privatpersonen oder Firmen), die Unkenntnis über die Schlachtung, mit der das Fleisch hergestellt wurde, muss in diesem Fall vorhanden sein und keine eindeutigen Beweise dürfen bekannt sein dass das Fleisch nicht Scharia-konform ist.
In diesem Fall ist es gestattet zu essen und weiteres Nachfragen und Nachforschen sollte vermieden werden. Im Prinzip ist es Halal, bis übermässig Zweifel vorhanden ist. Das Aussprechen der Tasmiya vor den Verzehr ist ausreichend in diesem Fall. Dies ist eine Erleichterung von Allah. Und wenn Allah uns etwas zur Erleichterung erlassen hat, sollten wir es annehmen.

`A'ischa (Allahs Wohlgefallen Ihr) berichtete: »Einige Leute sagten zum Propheten (Allahs Frieden und Segen auf Ihm): »Unsere Angehörigen bringen uns manchmal Fleisch, wobei wir nicht wissen, ob der Name Allahs darüber gesprochen wurde, oder nicht!« Der Prophet (Allahs Frieden und Segen auf Ihm) sagte: »Sprecht ihr selbst den Namen Allahs und esset es.« Die Leute befanden sich in einer Zeit, die der Zeit des Unglaubens noch nahe war.« (Sahih Al-Buchary 5507)

Das Aussprechen der Tasmiya bedeutet aber nicht, dass dadurch haram zu halal wird. Es hat nichts mit dem Herstellungsverfahren zu tun. Es ist das »Bismillah«, das ein jeder Muslim vor jeder Mahlzeit aussprechen soll, um den Satan zu vertreiben. Dieser Aspekt wird meist aus dem vorherig aufgeführten Hadith falsch aufgefasst.

Ein gläubiger Bruder oder eine gläubige Schwester, von der wir sicher sind, dass ihr Einkommen nicht aus Haram-Mitteln stammt, sollten wir nicht nach dem Ursprung der von dieser Person angebotenen Nahrung fragen. Nicht vertrauenswürdige Muslime sollten schon gefragt werden.

Abu Hurayrah (Allahs Wohlgefallen Ihm) überlieferte, dass der Gesandte Allahs (Allahs Frieden und Segen auf Ihm) sagte: »Wenn jemand von euch bei seinem Bruder im Islam eintritt und er bietet ihm Essen an, lass ihn davon essen, und frag nicht danach. Und wenn er ihm etwas zu trinken anbietet, lass die davon trinken, und frag nicht danach.«
(Ahmad, 8933)

Die Bestätigung einer Person, die zum Schlachten berechtigt ist (3.1), dass alle Punkten der Scharia-Richtlinien eingehalten wurden, reicht aus. Auch wenn die Person ein Jude oder Christ oder ein offenkundiger Sünder (Fadschir) ist. Das Fleisch ist für den Muslim erlaubt. Weitere Nachforschungen sollten nicht gemacht werden. Es sei denn, es gibt einen eindeutigen Zweifel daran, dass das Fleisch ausschließlich nach Scharia-Methoden hergestellt wurde.

Heute sind euch alle guten Dinge erlaubt. Und die Speise derer, denen die Schrift gegeben wurde, ist euch erlaubt, wie auch eure Speise ihnen erlaubt ist ... [5:5]

Für jemanden, der von Berufs wegen Fleisch ausgibt und nicht weiß, ob dieses Fleisch halal oder haram ist, gilt folgendes: Fleisch von Haram-Tieren (2.1 Schwein, usw.) ist verboten. Fleisch von Halal-Tieren (1), von dem die Person nicht weiß, ob es halal-geschlachtet wurde, ist erlaubt, solange ein klare Unkenntnis besteht. Ein weiteres Nachforschen ist nicht notwendig. Fleisch, welches augenscheinlich halal ist und auch so gekennzeichnet wurde, ist erlaubt und eine weitere Nachforschung ist nicht notwendig.

Essen in Restaurants, in denen wir die Herkunft des Fleisches nicht kennen, ist erlaubt, mit den Voraussetzungen, dass das Fleisch nicht von Haram-Tieren (2.1 Schwein, usw.) stammt, es von in der Scharia berechtigten Personen geschachtet wurde (3.1) (Privatpersonen oder Firmen) und eine klare Unkenntnis über die weiteren Schlachtmethoden besteht. In diesem Fall sollte nicht weiter nachgeforscht werden.

Sollte jedoch in einem Restaurant, Einkaufsladen oder Geschäft neben den Halal-Lebensmittel auch Haram-Produkte (2. wie Schwein, Alkohol, usw.) angeboten werden, ist es dem Muslim nicht erlaubt, dort zu essen, bzw. einzukaufen. Nur wenn es notgedrungen ist und es keine Alternativen gibt, ist es ausnahmsweise erlaubt. Das muss nach besten Wissen und Gewissen abgewogen werden.

Im Prinzip wird die Nahrung aber nicht Haram, wenn sie im selben Geschäft mit Haram verkauft wird. Solche Geschäfte müssen generell gemieden und nur im Notfall aufgesucht werden.

Auch muss in Restaurants beachtet werden, dass jede Berührung der Halal-Nahrung mit Nicht-Halal-Nahrung die Halal-Nahrung zu Haram macht. Das Nicht-Halal-Fleisch ist nadschis und jede Kontamination macht reine Nahrung auch nadschis. Das zählt für Produkte aus nicht-erlaubten Tieren genauso wie Produkte aus erlaubten Tieren die nicht nach Scharia geschlachtet wurden. Diese zählen als Aas und sind somit nadschis. Nadschaasah verdirbt Halal-Nahrung durch jede Berührung; durch zubereiten im selben Öl, durch benutzen derselben Werkzeuge, Gefäße, usw., ohne diese entsprechend zu reinigen.

Bei überwiegendem Zweifel über das Lebensmittel ist es verboten. D.h., wenn mehr Hinweise darauf hindeuten, dass die Schlachtung keine ordnungsgemäße islamische war, und denen überwiegt, die auf eine ordnungsgemäße Schlachtung hinweisen, ist von diesem Fleisch abzulassen.

Schaik Salih al-Fauzan, möge Allah ihn bewahren, sagte: »Für den Muslim ist es besser, von diesem Fleisch abzulassen, weil es eine unklare Sache ist.«

Der Gesandte Allahs (Allahs Frieden und Segen auf Ihm) sagte: »Lass das, was dir Zweifel bringt, für das, was dir keine Zweifel bringt.«

Der Gesandte Allahs (Allahs Frieden und Segen auf Ihm) sagte: »Wer sich von den unklaren Dingen fernhält, der beschützt seine Religion und Ehre. Und wer in Unklarheiten fällt, der fällt im Verbotenem.«

An-Nu`man Ibn Baschir (Allahs Wohlgefallen Ihm) sagte: »Ich hörte den Gesandten Allahs (Allahs Frieden und Segen auf Ihm) sagen: »Das Erlaubte ist offenkundig, und das Verbotene ist offenkundig, und zwischen den beiden gibt es zweifelhafte Dinge, über die viele Menschen keine Kenntnis besitzen. Wer nun die zweifelhaften Dinge vermeidet, der gewährt damit seinem Glauben und seiner Ehre Makellosigkeit, wer aber in zweifelhafte Dinge verwickelt ist, ähnelt einem Hirten, der seine Herde um ein fremdes Revier herumweidet und beinahe das Eigentumsrecht eines anderen verletzt. Wahrlich, jeder König hat sein eigenes Hoheitsgebiet, und die von Allah verbotenen Dinge stellen das Hoheitsgebiet Allahs auf Seiner Erde dar. Wahrlich, es gibt im Menschenkörper ein kleines Stück Fleisch wenn dieses gut ist, so ist der ganze Körper gut, ist es aber verdorben, so ist der ganze Körper verdorben. Wahrlich, das ist das Herz!« [Sahih Al-Buchary]

Âtîya Ibn Urwa as-Sa`diy (Allahs Wohlgefallen Ihm) überliefert, dass der Gesandte Allâhs (Allahs Frieden und Segen auf Ihm) sagte: »Kein Diener Allâhs wird Frömmigkeit erlangen, bevor er, aus Angst vor etwas Zweifelhaftem, auf etwas verzichtet, in dem es keinen Zweifel gibt.« (Tirmîdhî)

In den folgenden zwei Hadith zur Jagd wird ein wichtiges Prinzip über den Zweifel klar. Von Fleisch ist abzulassen, wenn berechtigter Zweifel überwiegt.
In dem ersten Hadith wird gezweifelt, ob der Hund, der mit der Tasmiya losgeschickt wurde, wirklich der Hund war, der die Beute erlegte, oder der andere Hund die Beute erlegte und sie somit Haram wurde. Im zweiten Hadith wird daran gezweifelt, ob der Pfeil die Beute erlegte oder ob sie im Wasser ertrunken ist und somit Haram wurde.

Der Gesandte Allahs (Allahs Frieden und Segen auf Ihm) sagte zu Adi ibn Hatim (Allahs Wohlgefallen Ihm): »Wenn du deinen Bogen schießt, sprich den Namen Allahs. Wenn du dann die Beute tot auffindest, iss davon – es sein denn du findest sie im Wasser, da du in diesem Fall nicht sicher sein kannst, ob dein Pfeil oder das Wasser getötet hat.«

`Adyy Ibn Hatim (Allahs Wohlgefallen Ihm) berichtete: »Ich fragte den Propheten (Allahs Frieden und Segen auf Ihm) über die Jagdbeute, die mit einem Pfeil ohne Klinge getroffen wird, und er sagte: »Ein Tier, das von der Spitze getroffen wird, darfst du essen. Ist es vom Pfeilstock quer erschlagen worden, so ist es ein Kadaver/Aas.« Ich fragte ihn ferner nach der Jagdbeute, die von einem Hund gepackt wird, und er sagte: »Was der Hund für dich gepackt hat, das ißt du, denn was der Hund für dich packt, ist zum Essen rein. Siehst du aber, dass bei der Jagd andere Hunde mit deinem Hund oder mit deinen Hunden beteiligt waren und du Bedenken hast, dass das Tier von einem anderen Hund

getötet sein könnte und daß dein Hund es eventuell von einem anderen schnappte, so iß es nicht, weil du den Namen Allahs nur für die Jagd mit deinem Hund sprachst, nicht aber für den anderen Hund.« [Sahih Al-Buchary]

Schlachthäuser in denen heterogenes Personal (Schlachter verschiedener Religionen) tätig sind und die Schlachtungen nicht klar Schlachter mit bestimmter Religion zugeordnet werden können, sind nicht qualifiziert Halal-Fleisch zu produzieren. Ein zu großer Zweifel besteht in diesem Fall. Dieses Fleisch darf von einem Muslim nicht gegessen werden.

An-Nu`man Ibn Baschir (Allahs Wohlgefallen Ihm) sagte: »Ich hörte den Gesandten Allahs (Allahs Frieden und Segen auf Ihm) sagen: »Das Erlaubte ist offenkundig, und das Verbotene ist offenkundig, und zwischen den beiden gibt es zweifelhafte Dinge, über die viele Menschen keine Kenntnis besitzen. Wer nun die zweifelhaften Dinge vermeidet, der gewährt damit seinem Glauben und seiner Ehre Makellosigkeit, wer aber in zweifelhafte Dinge verwickelt ist, ähnelt einem Hirten, der seine Herde um ein fremdes Revier herumweidet und beinahe das Eigentumsrecht eines anderen verletzt. Wahrlich, jeder König hat sein eigenes Hoheitsgebiet, und die von Allah verbotenen Dinge stellen das Hoheitsgebiet Allahs auf Seiner Erde dar. Wahrlich, es gibt im Menschenkörper ein kleines Stück Fleisch wenn dieses gut ist, so ist der ganze Körper gut, ist es aber verdorben, so ist der ganze Körper verdorben. Wahrlich, das ist das Herz!« [Sahih Al-Buchary]

Wabisa ibn Ma'bad (Allahs Wohlgefallen Ihm) berichtet: Einst kam ich zum Gesandten Allahs (Allahs Frieden und Segen auf Ihm) und er fragte mich: »Bist du gekommen, um mich zu fragen, was Frömmigkeit ist?« Ich antwortete: »Ja.« Er sagte: »Befrage nur dein Herz. Frömmigkeit ist etwas, was deine Seele befriedigt und dein Herz beruhigt; Und Sünde ist, was in deinem

Bewusstsein zwickt und Zweifel in deiner Brust weckt, obwohl es einige Leute für gesetzlich erklären und es dir erlauben.« (Ahmad ibn Hanbal und Ad- Darimi)

Wenn also jemand aus einem ernsthaften Grund an etwas zweifelt, soll er sich möglichst davon fernhalten und einer nicht zweifelhaften Alternative den Vorrang geben. Damit wird Unwohlsein wie Angst und Sorge vorgebeugt und Sicherheit und Gesundheit geschaffen. Sollten die Zweifel die Stufe des WASWAAS (Einflüsterungen des Teufels an allem übermäßig Zweifel zu haben) erreichen, die das Leben übermäßig einschränken, dann sollte diesem Zweifeln keine Beachtung geschenkt werden. In diesem Fall werden kleine Verfehlungen nicht als Sünde verzeichnet. Beispielhaft ist die Situation von demjenigen, der betet und sich nicht über sein Wudu sicher ist. In diesem Fall ignoriert die betende Person den störenden Zweifel und sein Gebet ist trotzdem gültig. Der Islam fordert von jedem Menschen nur soviel in dessen Kapazitäten steckt. Wer etwas wirklich nicht zu leisten vermag, ist davon befreit. Dieses Prinzip wurde bereits im Kapitel „Notsituation“ (4.6) erklärt.

Allah fordert von keiner Seele etwas über das hinaus, was sie zu leisten vermag. Ihr wird zuteil, was sie erworben hat, und über sie kommt, was sie sich zuschulden kommen läßt. Unser Herr, mache uns nicht zum Vorwurf, wenn wir (etwas) vergessen oder Fehler begehen. Unser Herr, und erlege uns keine Bürde auf, so wie Du sie jenen aufgebürdet hast, die vor uns waren. Unser Herr, und lade uns nichts auf, wofür wir keine Kraft haben. Und verzeihe uns und vergib uns und erbarme Dich unser. Du bist unser Beschützer. So hilf uns gegen das Volk der Ungläubigen!" [2:286]

So fürchtet Allah, soviel ihr nur könnt, ... [64:16]

Haram aus Versehen (ohne Absicht) zu sich zu nehmen, zählt nicht als Sünde. Die Gebete werden dadurch nicht beeinflusst und es muss auch keine besondere Waschung oder sonstige Rituale durchgeführt werden.

Und wenn ihr versehentlich darin gefehlt habt, so ist das keine Sünde von euch, sondern (Sünde ist) nur das, was eure Herzen vorsätzlich tun. Und Allah ist wahrlich allverzeihend, barmherzig. [33:5]

Der Gesandte Allahs (Allahs Frieden und Segen auf Ihm) sagte: »Allah hat meiner Umma verziehen für Fehler, Vergesslichkeit und wofür sie gezwungen worden.« (Ibn Maajah, 2043)

Der in der Einführung besprochene Grundsatz der *Qawāʿid Fiqhīya* ist hier zur individuellen Urteilsfindung ausschlaggebend. Ist das Fleisch grundsätzlich als Haram anzusehen, muss nachgewiesen werden das es nach Halal-Richtlinen hergestellt wurde.

8 Gesetze und Praxis der Schlachtung in Deutschland

In Deutschland sind die Schlachtmethoden bekannt und gesetzlich geregelt. Auf die Unkenntnis der Herkunft kann sich in der Regel nicht berufen werden.

In vollautomatisierten Großbetrieben werden viele tausende von Tieren täglich in Akkordarbeit geschlachtet. Ein Automat kann mehr als 10.000 Geflügel am Tag verarbeiten. Bei der regulären Schlachtung werden Tiere meist durch Strom oder andere Techniken wie den Rückenmarkzerstörer getötet. Nicht durch das entbluten. Der reguläre Entblutestich entspricht auch nicht den islamischen Vorschriften. Auf den Glauben des Schlachters wird nicht geachtet. Und nicht halal-konforme Betäubungsmethoden werden verwendet.

Da der Halal-Bedarf nur einen kleinen Teil des Gesamtbedarfs ausmacht, wird in den Großbetrieben, in denen Halal geschlachtet wird, auch nicht-Halal geschlachtet. Zur Halal-Schlachtung werden Anlagen zeitweise umgerüstet, um danach wieder zurück zu rüsten. Meist laufen Produktionstraßen, in denen Halal-Geschlachtet wird und nicht-Halal geschlachtet wird zeitgleich. In so einem industriellen Prozess ist es schwierig, religiöse und ethische Werte zu berücksichtigen.

Das Aussprechen der Tasmiya wird bei anschalten der Automaten für viele tausend Tiere gleichzeitig gesprochen. Es ist auch äußerst schwer, die Sunna einzuhalten, das Tier und den Schlachten in die Himmelsrichtung der Kibla auszurichten. Da die Automaten nie hundert Prozent genau arbeiten, ist es auch nicht möglich zu gewährleisten dass die Tiere nach der Betäubung lebend geschlachtet werden. Eine betäubugslose Schlachtung ist in Deutschland gesetzlich verboten.

Einige Zertifizierer verpflichten Betriebe per Vertrag den Lebenszustand nach der Betäubung und vor der Schlachtung zu garantieren und gestorbene Tiere aus der Produktion zu entfernen. Es gibt aber keine zuverlässigen Kontrollmechanismus, die gestorbene Tiere aussortieren. Es müssten aufwendige Methoden geschaffen werden, die gestorbene Tiere nicht nur erkennen, sondern auch aus dem Halal-Produktionsprozess herausführen. Beides ist jedoch unwirtschaftlich und dadurch unrealisierbar. Besonders in der Automation von Geflügel. Auch wenn die Anzahl der Todesfälle gering ist, sind jene gestorbenen Tiere nicht halal und machen so das gesamte Konzept ungeeignet.

Einige Tiere werden von den automatischen Messern nicht richtig erwischt und lebend weiterverarbeitet. Solche Tiere oder Körperteile würden zu den Kadavern/Aas zählen.

Meistens stehen Mitarbeiter hinter den Automaten die solche Tiere aussortieren. Dies kann aber auch nicht 100 Prozent gewährleistet werden. Weiterhin lassen die Automaten auch kein Ausbluten zu, da im Sekundentakt gearbeitet wird. Das Geflügel wird mit den Automaten vor dem Rupfen in ein heißes Wasserbad geführt. Hier passiert es manchmal, dass das Wasser zu heiß ist und Innereien verbrennen. Dies kann bei der Automatisierung nicht ausgeschlossen werden.

Auf das Reinheitsgebot (Nadschaasah) wird in vielen deutschen Betrieben nicht geachtet. Betriebe, die Halal produzieren, gehen davon aus, dass die deutschen Reinigungs- und Hygienevorschriften dieses Thema abdecken. Dies ist aber nicht unbedingt richtig. Anlagen, mit denen Schwein verarbeitet wurde, sollten vorschriftsmäßig so gereinigt werden, wie es auch den islamischen Richtlinien entspricht.

Betriebe, die auch Nicht-Halal produzieren, wären eigentlich nicht für die Halal-Produktion geeignet. Die komplette Umstellung wäre aus wirtschaftlichen Gründen nicht realisierbar. Auch können Angehörige von Sekten, die sich dem Islam zuschreiben, sowie Götzendiener (Personen, die nicht zum islamischen Schlachtung geeignet sind 3.1) aufgrund des Arbeitschutzgesetzes nicht von der Produktion ausgeschlossen werden.

Das Gebot der Al-Jallalah kann in Deutschland nicht gewährleistet werden. Tierische Bestandteile sind in Futter weit verbreitet. Blut und Schwein kann enthalten sein. Dies trifft bei Geflügel wie bei Rindern und anderem zu. Viele der Tiere, die in deutschen Schlachthöfen geschlachtet werden, kommen aus dem Ausland. Es sehr schwierig zurückzuverfolgen, was das Tier gefressen hat. Bestimmungen zu Tierfutter sind im Ausland teilweise ganz anders.

Untersuchungen haben DNA von Schwein in Halal-Produkten nachgewiesen. Die Ursache können Rohstoffe und Zutaten, aber auch die Lagerung und Transport sein. Denn die DNA kann auch sogar per Luft übertragen und dann nachgewiesen werden. Auch wenn der DNA-Nachweis das Lebensmittel nicht haram macht.

In vielen Lebensmitteln stecken Alkohol oder tierische Zutaten, obwohl niemand sie dort vermutet. Eine Analyse der Einzelstoffe und deren Herstellungsprozess würden komplizierte Gutachten von Lebensmittelchemikern und Verfahrenstechnikern voraussetzen. Daraufhin müssten Scharia-Rechtsgutachten zu den Einzelfällen eingeholt werden. Die ist eine realistisch kaum zu bewältigende Aufgabe.

Im folgendem werden eine kleine Anzahl von Stoffen gelistet, die wohl am gängigsten in Lebensmitteln zu finden sind und haram **seien könnten**: Geliermittel (Gelatine), Ethanol, Lab, Laktose, Speisefettsäuren E470 bis E473, Schellack E904, echtes Karmin E120, Chlorophyll E140, Chlorophyllinien E141, Glycerin E 422, Knochenphosphate E542, Calcium 5 ribonucleotid E634, Dinatrium 5 ribonucleotid E635, Cysteine E920, Inosinsäure E630-E633, Insulin und Aromen. In Medikamenten verwendetes Adrenalin, Duodenum, Kortison und Östrogen. Diese List ist nicht komplett.

Filter aus Gelatine werden häufig zur Klärung von Fruchtsäften benutzt. Die Gelehrten sind sich uneinig, ob diese Filter die Getränke haram machen. Die stärkere Meinung ist das der Saft dadurch nicht haram wird.

Alkohol ist in vielen Lebensmitteln, besonders Süßwaren, enthalten, obwohl diese mit »Alkoholfrei« gekennzeichnet sind. Bei Getränken muss der Alkoholgehalt laut Lebensmittelinformationsverordnung erst ab 1,2 Volumenprozent deklariert werden. Die meisten Fruchtsäfte liegen knapp darunter.

Lücken und Absurditäten des Lebensmittelrechts machen dies möglich. Werbung ist auf Lebensmitteln oft sehr irreführend. Das ist nicht nur im Bereich des Fleisches, sondern im Allgemeinen der Fall. Es gibt sehr viele Kennzeichnungslücken.

Betreiber der Website http://www.myhalalcheck.com haben in einer 15 jährigen Studie Zutaten viele in Deutschland erhältlichen Lebensmittel analysiert und auf der Website veröffentlicht. Nach Eingabe des Produktes in die Suchmaske wird angezeigt, ob verbotene Zutaten enthalten sind.

9 Auswertungen einiger Studien zur industriellen Schlachtung

Doktorarbeit von Eva Maria Hilsenbeck 2007 der Ludwig-Maximilians-Universität München, »Untersuchungen zur Entblutezeit bei Rindern nach Bolzenschußbetäubung«:

Untersuchung an Rindern im Zeitraum zwischen Bolzenschuß und Absetzen des Karpus. Auftreten von Reaktionen bei allen Tieren: Soweit es vom Arbeitsablauf her möglich war, wurde versucht, den Karpus erst abzusetzen, wenn das Tier völlig erschlafft war. Die durchschnittliche Zeit vom Entblutungsstich bis zum Absetzen des Vorderfußes betrug 4.06 Minuten. Es stellte sich bei 90,2% der Tiere hierbei keine Reaktion ein. Die restlichen 9,8% zeigten noch unterschiedlich starke Reaktionen (Entblutungsstich wurde innerhalb von 60 sec nach Bolzenschuss ausgeführt).

Die als Grundlage für den folgenden Arbeitsschritt herangezogene Bewegungslosigkeit, wie sie in der TierSchlV beschrieben ist, hatte ein starkes Ansteigen der Tiere mit Reaktionen zur Folge (30,8%).

Die Wirkungsweise der Betäubungsart des Bolzenschussgerätes ist eine zweifache. Der Aufschlag des Bolzens auf dem Schädeldach bewirkt zum einen eine Gehirnerschütterung, das Eindringen in die Schädelhöhle eine Zerstörung von Hirnsubstanz (DALY und WHITTINGTON, 1989).
In erster Linie basiert das Verfahren auf einer direkten mechanischen Zerstörung lebenswichtiger Zentren im Hirnstamm (HOFER, 1985; ILGERT, 1985; KÄGI, 1988; LAMBOOY, 1981a ; RIEK, 1980). Ein Teil dieser Zentren sind für die Regelung von Atmung, Blutdruck, Herzfrequenz und anderer organischer Strukturen zuständig. Ihre mechanische Zerstörung bedeutet den Hirntod der Schlachttiere (MÄNNL, 1994). Nach GREGORY (1998) verursacht die mechanische Zerstörung zwar eine Durchtrennung von Nervenbahnen, sowie Verletzungen verschiedenster Gehirnregionen, die wichtigste Komponente aber ist der Aufprall auf den knöchernen Schädel. Dieser erzeugt durch die enormen Scherkräfte Quetschungen und Zerreißungen und die sogenannten Coup- und Contre-coup-Verletzungen, sowie Torsionen am Gehirnstamm mit Auslöschen der Atemfunktion. Durch die Ödembildung kommt es zur intrakraniellen Drucksteigerung mit dadurch bedingter Ischämie.
Werden durch den Bolzenschuss bestimmte Bereiche des Hirnstamms zerstört, liegt das Tier in der Regel ruhig. Andernfalls kann es zu heftigen, epilepsieartigen Krampfanfällen kommen.

KAEGI (1988) Obwohl der Ansatzpunkt für den Bolzen am Kopf markiert war und der Schuss durch einen geübten Schützen ausgeführt wurde, haben sich beträchtliche Abweichungen im Schusskanal gezeigt.
Bei über 50% der Tiere wurde der Hirnstamm nicht getroffen.

VON HOLLEBEN und VON WENZLAWOWICZ (2000) Der Betäubungserfolg ist unter anderem auch an der fehlenden Reaktion auf den Entblutestich abzulesen. Beim Setzen des Schnitts reagierten 10% der Tiere in mittlerer bis starker Intensität.

Studie zum Todeseintritt durch Bolzenschuss HEGGLIN (1957) beschrieb sieben Fälle von Mord oder Selbstmord durch Bolzenschussapparat. In zwei Fällen trat der Tod unmittelbar ein, einige Patienten überlebten bis zu 9 Tagen.

GROSS (1976) Vergleich zwischen Schächten und Bolzenschussbetäubung.
Nach dem Schnitt von zehn geschächteten Tieren erhöhte sich die Herzfrequenz signifikant, fiel nach 100 Sekunden langsam ab, um bei 320 Sekunden nochmals leicht anzusteigen und dann abzufallen.
Bei den fünf durch Bolzenschuss betäubten Tieren ermittelte er folgende Werte. Die Herzaktion stieg auch hier nach dem Betäubungsschuss deutlich an, jedoch nicht auf solch hohe Werte wie beim Schächten, und nahm dann kontinuierlich ab. Um dann nach ca. 75 Sekunden wieder den Ausgangswert zu erhalten.

Eintritt des Todes nach dem Entbluteschitt: Verblutungstod ist bestimmt durch die Schnelligkeit des Blutaustritts. (Eva Maria Hilsenbeck München 2007)

Doktorarbeit von Christopher Andreas Aichinger 2003 der Ludwig-Maximilians-Universität München »Die Implementierung der Elektrobetäubung im zugelassenen Schlachtbetrieb beim Rind«Es wurde bei 17 % Rindern dieser Studie mit der Bolzenschußmethode nachgeschossen.

Der Anfall (Bewusstseinsverlust) setzt 200 Millisekunden nach dem Betäubungsstrom ein und dauert laut Studien verschiedener

Schaf- und Rinderrassen zwischen 19 und 68 Sekunden (GILBERT, 1993).

Sog. »Head-only«-Betäubungsverfahren, die sich auf eine Kopfdurchströmung der Tiere beschränken, also keinen Herzstillstand zur Folge haben und bei denen eine Erholung wahrscheinlich ist, ordnet man der Kategorie »recovery« zu. Schlachtungen nach islamischem Ritus (Halal) setzen ein schlagendes Herz voraus und machen deshalb von dieser Betäubungsmethode Gebrauch (SCHATZMANN, 2000).

EEG-Studien bei Schafen und Kälbern zeigen die Zeitdauer von Entbluteschnitt bis zum Erreichen permanenter Empfindungs- und Wahrnehmungslosigkeit. So waren Schafe und Lämmer in 2 bis 7 Sekunden bewusstlos. Bei den Kälbern trat Bewusstlosigkeit 65 bis 85 Sekunden nach dem Entblutungsschnitt auf.

Aus diesen Studien lässt sich folgendes schließen:

- Die Bolzenschuss-Betäubung erzielt nicht die gewünschte Wirkung der Empfindungslosigkeit, da schon beim Entbluteschnitt und auch noch fünf Minuten danach Reaktionen gemessen werden können.
- Hohe Fehlerraten der Bolzenschuss-Betäubung machen mit übermäßigen Schmerzen verbundenes Nachbetäubungen notwendig.
- Die Bolzenschuss-Betäubung führt mit einer beträchtlichen Wahrscheinlichkeit zum Tod.
- Die Bolzenschuss-Betäubung beeinträchtigt den Blutkreislauf, was den Austritt der Blutmenge negativ beeinflusst.
- Die Elektrobetäubung beeinträchtigt Atmung und Blutkreislauf und führt in geringen Fällen zum Tod. Sie ist mit entsprechenden Kontrollmechanismen jedoch zur Halal-Schlachtung geeignet.

- Hohe Fehlerraten der Elektrobetäubung machen mit übermäßigen Schmerzen verbundenes Nachbetäubungen notwendig.
- Die Empfindungslosigkeit der Betäubung müsste wenigstens so lange dauern, bis der tatsächliche Tod nach dem Entbluten eingetreten ist. Da dies aber bei keinem Betäubungsverfahren gegeben ist, tritt die Schmerzempfindung vor dem Tod wieder ein und macht die Betäubung überflüssig.
- Außerdem lässt die Geschwindigkeit in den modernen Schlachthäusern nicht die nötige Sterbezeit zu und beginnt schon zu früh mit dem Zerschneiden der Tiere.
- Sichere Verfahren zur Sicherstellung der Lebendigkeit der Tiere vor dem Schlachten und des Todes vor dem Absetzen von Körperteilen sind in modernen Industriebetrieben nicht vorhanden und wegen Unwirtschaftlichkeit auch nicht zu erwarten.
- Die betäubungslose Schlachtung durch den islamischen Entbluteschnitt ist die schonendste.

10 Halal-Zertifikate

Nach Schätzungen lag der Weltmarktanteil für Halal-Nahrungsmittel 2010 bei 651 Milliarden USD. Auf Europa entfielen 67 Milliarden USD und auf Deutschland fünf Milliarden USD. In Deutschland gab es 2010 rund 400 Firmen, die Halal-Produkte anboten. In Westeuropa gibt es rund 20 Millionen Muslime, etwa 4,5 Millionen leben in Deutschland. Die Tendenz ist steigend. Die Halalfleisch-Industrie hat sich zu einem Nischenmarkt mit hohem Volumen entwickelt.

Zertifizierungsunternehmen bieten für Unternehmen Zertifizierungen an, die Produkte Kennzeichen, bei deren Herstellung die Einhaltung der Halal-Regeln bestätigt wird. Weltweit gibt es ca.

250 Zertifizierer. In Deutschland beherrschen neun große Zertifizierer den Markt. Sie werden durch muslimische Organisationen, Moscheen oder private Unternehmen geführt. Es gibt momentan weder ein weltweit noch bundesweit identisches Halal-Zertifikat-System noch ein einheitliches und geschütztes Halal-Siegel. In einigen islamischen Ländern ist die Halal-Zertifizierung staatlich geregelt. In Europa gibt es eine unübersichtliche Zahl privater Anbieter, welche zum Teil auch von nicht-Muslimen geführt werden.

Das Halal-Zertifikat in Deutschland ist mit Vorsicht zu betrachten. Die Anforderungen der Zertifizierer sind intransparent und werden meist nicht veröffentlicht. Sie unterscheiden sich zum Teil enorm von Zertifizierer zu Zertifizierer. Die meisten dieser Richtlinien werden erstellt von selbsternannten modernistischen Islamgelehrten oder Sekten, die sich selbst dem Islam zuschreiben. Die Rechtsgutachten für diese Richtlinien basieren auf ihren eigenen Religionsinterpretationen und nicht auf Koran und Sunna.

Dominiert wird die Industrie von Schiiten. Halal-Schlachtung darf nicht von Schia durchgeführt werden. Ihr Glaube verstößt gegen die Grundsätze des Islam. Daher dürfen auch keine religiösen Rechtentscheide von ihnen zur Halal-Speise als verbindlich anerkannt werden.

Als Beispiel, das dies verdeutlicht, ist auf der Webseite des größten Zertifizierers als dringendes Kriterium für sein Zertifikat angegeben, dass der Schlachter ein Muslim sei, der gegenüber dem schiitischen Glauben keine Feindschaft hegt.

Es ist wohl zu erwarten, dass solche Zertifizierer Religionsangehörige als Schlachter in Schlachthäusern integrieren. In Deutschland werden diese Religionen unter dem Namen des Islam geführt. Viele Schlachthäuser können auch nicht zwischen ihnen und Muslimen unterscheiden. Es sind Fatawa von Schiiten bekannt geworden, in denen sie das Fleisch der Ahlu-Sunna als Haram erklären. Das ist als eine Trotzreaktion zu interpretieren, da es keine Grundlagen in Überlieferungen hat.

Auch Sunniten, die wirtschaftliche Interessen verfolgen und dadurch fragliche Produktionsprozesse als halal proklamieren, stellen zweifelhafte Zertifikate aus.

Die eigentliche Anforderung ist es, die gesamte Lieferkette von der Aufzucht übers Futter, Transport bis zur Fleischweiterverarbeitung zu begutachten. Kein Zertifizierungsprozess in Deutschland beinhaltet all das.

Zertifizierungen werden von den Herstellern aus werblichen Gründen vorgenommen. Daher zählen religiöse oder ethische Normen bei der Produktion nicht. Ein Betrieb, dem Prozessbedingt das Zertifikat von einem Zertifizierer nicht ausgestellt wird, wendet sich einfach an den nächsten, bis sich einer gefunden hat, der die Gegebenheiten akzeptiert. Rechtlich darf keine Liste mit Betrieben, die nicht Halal-konform sind veröffentlich werden, noch von Betrieben die durch einen Zertifizierungsprozess gefallen sind. Die Legitimität eines Zertifizierers darf auch nicht öffentlich in Frage gestellt werden. Egal, was für Richtlinien diese haben und wo diese begutachtet wurden. Das würde rechtliche Konsequenzen haben.

Das Geschäft mit Zertifikaten ist sehr lukrativ. Daher herrscht ein enormer Konkurrenzdruck. Ein geringes »Zurechtrücken« der Richtlinien mit einer Fatwa kann einen großen Marktanteil erschließen.

Des Weiteren kann jeder Hersteller ohne Beachtung der Halal-Richtlinien ein Halal-Siegel auf seine Produkte anbringen, da das Halal-Siegel sowie der Begriff »Halal« nicht geschützt sind.

Einzelne Missbrauchsfälle von Zertifizierungen sind bekannt geworden. Wie das Beispiel eines Wursthändlers im Ruhrgebiet, der ein Halal-Logo anbrachte um seine Produkte in bestimmte Länder zu exportieren, ohne den Begriff »Halal« erklären zu können.

Seriösen Betrieben ist es eher geraten, ihren eigenen Halal-Prozess zu integrieren und ihre Halal-Richtlinien zu veröffentlichen. So könnte sich jeder Muslim individuell über den Betrieb und seine Halal-Vorschriften informieren und sich entscheiden, ob diese für ihn akzeptabel sind. Betriebe wären gesetzlich dazu verpflichtet die Richtlinien einzuhalten, mit denen sie werben. Beim kostspieligen Zertifizierer ist diese Transparenz sowie Vertrauenswürdigkeit nicht gegeben.

Abgesehen von der Halal-Frage sehen wir auch, dass die Fleischindustrie immer wieder mit Skandalen wie »Gammelfleisch« oder »Pferdefleisch« Schlagzeilen macht und somit keineswegs verdient Vertrauen entgegenbracht zu bekommen.

Die Skurrilität bei Gütesiegeln und Kennzeichnung von Lebensmitteln in Deutschland fällt jedem auf, der sich auf Recherche begibt. Viele Kennzeichnungen sind nicht geschützt und manche vermeintlichen Siegel oder Aufschriften wie »aus kontrolliertem Anbau«, »schonend hergestellt«, »aus anerkanntem Anbau«, »Naturprodukt« sind reine Werbemaßnahmen.

Gegen solcher und ähnlicher Täuschungen kann rechtlich nicht vorgegangen werden. Einige private Organisationen veröffentlichen lediglich solche Täuschungen auf ihren Portalen.

Das jüdische »Koscher« ist für einen Muslim gestattet, weil die Koscher-Richtlinien den Halal-Richtlinien entsprechen und Allah (der Vollkommene, der Allerhöchste) dem Muslim das Fleisch der jüdischen Schlachter als Halal erklärt hat. Die jüdischen Koscher-Vorschriften sind zusätzlich zu den Halal-Vorschriften noch etwas restriktiver. Dies gilt mit Ausnahme von Alkohol. Allerdings sind sich die Juden in ihren verschiedenen Abspaltungen in den Speisevorschriften uneinig. Sollte ein Zertifikat den orthodoxen »koscher«-Prozess bestätigen und es ist kein Alkohol enthalten, ist es für den Muslim Halal.

Den Juden wurde in Deutschland eine Ausnahmeregelung zum betäubungslosen Schächten nach ihren Vorschriften erteilt. Angehörige des Judentums akzeptieren keine zweifelhafte Herkunft ihrer Nahrung. Das Verfassungsgericht blieb nach mehreren Anträgen von muslimischen Verbänden in den 90ern in seinen Urteilen dabei, dass für Muslime nur in Einzelfällen Sondergenehmigungen zur betäubungslosen Schlachtung erteilt werden können. Dazu müssen Schlachtungen gesondert beantragt werden. Der Eigenverzehr dieses Fleisches muss nachgewiesen werden. Auch Nachweise zur unbedingten und zwingenden religiösen Vorschrift zur betäubungslosen Schlachtung müssen erbracht werden.

»Vegan« bezeichnet Lebensmittel, die absolut frei von allen tierischen Stoffen sind. Internationale Verbände kontrollieren und zertifizieren die Zutaten, die Verarbeitungshilfsstoffe, die Trägerstoffe von Vitaminen und Aromen sowie den Produktionsprozess. Die vegane bzw. vegetarische Scene ist sehr stark und einflussreich. Dieses Siegel zählt wohl am verlässlichsten. Diese Produkte sind in gängigen Supermärkten erhältlich.

11 Warum wir uns genügsam ernähren sollten

Allah (der Vollkommene, der Allerhöchste) hat dem Menschen einige Dinge verboten, ohne eine detaillierte Begründung zu offenbaren. Das kann mehrere Gründe haben; wie den Menschen von Schaden fernzuhalten oder ihn zu prüfen. Vieles geht über unsere Kenntnis und unser Verständnis hinaus. Doch ist der Mensch verpflichtet zu gehorchen, ob es ihm nun verständlich ist oder nicht. Allahs Scharia muss befolgt werden. Und das in jeder Einzelheit. Ob es dem einzelnen Menschen gefällt oder nicht.

Ein Muslim muss gewissenhaft mit Nahrung, Kleidung, Eigentum und allen anderen Angelegenheiten des Lebens umgehen. Er muss sich vergewissern, dass sein Einkommen und seine Nahrung von seinem Herrn erlaubt ist. Und dass nichts in seinem Leben im Wiederspruch zu den Lehren des Quran und der Sunna steht.

Ein Muslim muss nach bestem Wissen und Gewissen alles offensichtlich Verbotene vermeiden. Vor zweifelhaften Dingen muss er sich sehr in Acht nehmen. Er muss seinen Glauben rein halten und seinen Körper vor Haram-Nahrung schützen.

Ein besonderes Merkmal, in dem ein Muslim sich von Nicht-Muslimen unterscheidet, ist, dass er sein Leben nach der Scharia ausrichtet. Das schließt sein Einkommen und Nahrung ein.
Der Gesandte Allahs (Allahs Frieden und Segen auf Ihm) hob die Wichtigkeit der Halal-Ernährung hervor. Er sagte, dass Haram-Nahrung ein Grund ist, dass Duaa-Gebete nicht angenommen werden. Und er warnte vor der Strafe im Jenseits für denjenigen, der sich von Haram ernährt (dies ist nicht auf die Pflichtgebete bezogen).

Der Gesandte Allahs (Allahs Frieden und Segen auf Ihm) sagte: »Jeder Körper, der mit Haram genährt wird, ist für das Feuer eher geeignet.« (Al-Tabaraani)

Besonders in nicht-islamischen Ländern und Gegenden muss ein Muslim sehr auf die Ernährung achten.

Ein Muslim muss gewissenhaft Haram-Nahrung vermeiden und sich Halal-Nahrung verschaffen. Auch wenn es mehr Kosten und Aufwand mit sich bringt.

Dass kein Halal-Fleisch zur Verfügung steht, ist keine Entschuldigung Haram zu essen. Der Fleischkonsum ist kein lebenserhaltenes Muss. Somit kann man sich nicht auf eine Notlage berufen. Es gibt immer Alternativen. An vegane Nahrung, Fisch oder an verlässliches Halal-Fleisch ist mit mehr Aufwand immer zu kommen.

Eigenschaften der Nahrung werden in den Charakter und das Verhalten der Person, die sie isst, übertragen.
So wie es eine Weisheit hinter Allahs Schöpfung gibt, so gibt es auch eine Weisheit hinter Allahs Scharia (Gesetze und Gebote). Eine Weisheit hinter dem Verbot, unreine Dinge zu essen, ist, dass diese Dinge ein Teil der Person werden, die sie isst, und dass die Person wie diese Dinge sein wird. Eine Person ähnelt sich also im Wesen der Dinge, die sie isst, da sie ein Teil von ihr werden. Menschen sind ausgeglichener als Tiere, weil ihre Nahrung ausgeglichen ist. Blut und Fleisch von Raubtieren gibt einem Menschen einen wilden, teuflischen Charakter und macht ihn aggressiv. Die Scharia verbietet dieses also in ihrer Weisheit. Außer, wenn es in Notlagen geschieht. Schweinefleisch verleiht eine Art Härte und Grausamkeit.
Das gleiche gilt für Menschen, die das Fleisch von Aasfressern und Hunden essen – sie nehmen die Charakterzüge dieser Tiere an. Ein teuflischer Wesenszug ist kennzeichnend für Raubtiere und Aasfresser. Deshalb sind sie nach Scharia verboten. Da Kamele auch schlechte Eigenschaften besitzen, ist es Pflicht, die Gebetswaschung nach essen des Kamelfleisches zu wiederholen. Auch der Esel hat schlechte Charaktereigenschaften. Daher hat der Gesandte Allahs (Allahs Frieden und Segen auf Ihm) uns dieses Tier verboten.

Blut ist das Fahrzeug des Satans, durch das er reist. Daher hat Allah uns absolut verboten es zu uns zu nehmen. Wer über Allahs Schöpfung und Scharia nachdenkt, geht einen wichtigen Schritt zur Kenntnis Allahs und seinen Namen und Eigenschaften.

Der Islam hält uns zur Genügsamkeit und uns genügsam zu ernähren an. Das Füllen des Magens soll nach der Sunna nur mit einem Drittel mit Essen geschehen. Die anderen Drittel mit Wasser und Luft.

Abu Karima al-Miqdam ibn Ma'd Yakarib (Allahs Wohlgefallen Ihm) berichtet, dass er den Gesandten Allahs (Allahs Frieden und Segen auf Ihm) sagen hörte: »Der Mensch füllt kein schlimmeres Gefäß als den eigenen Magen. Dem Sohn Adams genügen einige (wenige) Bissen, um ihn am Leben zu erhalten. Doch wenn es unbedingt sein soll, dann sollte er ein Drittel (des Magens) für das Essen, ein Drittel für das Trinken und ein Drittel (leer lassen und) für leichtes Atmen (zur Verfügung stellen).« (At-Tirmidhi)

Die physischen und psychologischen Vorteile dieser Sunna, sich nicht voll und satt zu essen, werden von der heutigen Medizin bestätigt. Übermäßiges Essen führt zu Fettleibigkeit und andere physische Krankheiten, die im Islam verpönt sind.

Es ist auch eine Ungerechtigkeit, in Verschwendung übermäßig zu essen, wenn man bedenkt, dass mehr als ein Viertel der Menschheit in extremer Armut lebt und Hunger leidet. Der Islam hält uns an, Besitz und Gut, welches über unsere Bedürfnisse hinausgeht, auszugeben und zu spenden. Vom Eigenkonsum im Diesseits bleibt nichts für das Jenseits. Was auf Allahs Wege ausgeben wird, findet Belohnung im Jenseits.

»Und (Gottesdiener sind) die, wenn sie (etwas) spenden, weder verschwenderisch noch knauserig sind, sondern das rechte Maß dazwischen finden.« (25:67)

Abu Said al-Khudri (Allahs Wohlgefallen Ihm) erzählte: Einmal, als wir mit dem Propheten (Allahs Frieden und Segen auf Ihm) auf der Reise waren, kam ein Mann auf seinem Reittier geritten und fing an, nach links und rechts zu blicken. Hierauf sagte der Prophet (Allahs Frieden und Segen auf Ihm): »Wer auch immer ein Reittier erübrigen kann, sollte es dem, der keines hat, schenken; und wer von seiner Wegzehrung übrig hat, der sollte sie dem weitergeben, der keine hat.« Dann fuhr er damit fort, jede Art von Besitz zu erwähnen, bis wir meinten, dass keiner von uns überhaupt ein Recht dazu habe, etwas, das er übrig habe, zu behalten. (Muslim)

Uthman ibn Affan (Allahs Wohlgefallen Ihm) berichtet, dass der Gesandte Allahs (Allahs Frieden und Segen auf Ihm) sagte: »Jeder Mensch ist nur zu folgendem berechtigt: einer Wohnstätte, worin er leben kann, Kleidung, um seine Blöße zu bedecken, und einem Stück Brot und Wasser.« (At-Tirmidhi)

Abdullah ibn asch-Schikhkhir (Allahs Wohlgefallen Ihm) berichtet: Ich kam zu dem Propheten (Allahs Frieden und Segen auf Ihm) als er gerade aus der Sure At-Takathur rezitierte: »Das Streben nach immer mehr lenkt euch (vom Höherem) ab...«(102:1), und er sprach: »Der Sohn Adams spricht: Mein Besitz, mein Besitz! Was kannst du denn besitzen, oh du Sohn Adams, außer einer Mahlzeit, die verschwindet, einem Kleidungsstück, das du abtragen könntest oder der Sadaqa, die du entrichtet hast?« (Muslim)

Abu Said al-Maqburi (Allahs Wohlgefallen Ihm) berichtet, dass Abu Huraira (Allahs Wohlgefallen Ihm) an einigen Leuten vorbeikam, die eine gegrillte Ziege vor sich hatten. Sie forderten ihn auf, sich am Essen zu beteiligen, aber er weigerte sich und sagte: »Der Gesandte Allahs (Allahs Frieden und Segen auf Ihm) verabschiedet sich aus dieser Welt, ohne sich an (Brot aus) Gerste sattgegessen zu haben.« (Al-Bukhari)

Ibn Abbas (Allahs Wohlgefallen Ihm) erzählte: »Der Gesandte Allahs (Allahs Frieden und Segen auf Ihm) und seine Familie verbrachten viele Nächte ohne etwas zu Essen zu haben. Meistens aßen sie Brot aus Gerste.« (At-Tirmidhi)

Psychologische Studien haben gezeigt, dass ein Sattessen das Wohlbefinden negativ beeinflusst. Es also das Wohlbefinden erhöht immer einen kleinen Rest-Hunger oder Rest-Verlangen zu bewahren. Das zählt sowohl für das Essen als auch für andere Bedürfnis-Befriedigungen.

Zurückhaltung beim Essen hält den Körper gesund und leicht, übermäßige Fülle den Körper schwer, träge und faul in Gottesdienst und Arbeit.

O Kinder Adams, habt eine gepflegte Erscheinung an jeder Gebetsstätte und esset und trinkt, doch überschreitet (dabei) das Maß nicht; wahrlich, Er liebt nicht diejenigen, die nicht maßhalten. [7:31]

Abu Huraira (Allahs Wohlgefallen Ihm) überliefert, dass der Gesandte Allahs (Allahs Frieden und Segen auf Ihm) sagte: »Die Nahrung für zwei (Menschen) reicht für drei, und die Nahrung von dreien reicht für vier (Menschen).« (Al-Buchary und Muslim)

Amr (Allahs Wohlgefallen Ihm) berichtete: Abū Nuhaik war als ein starker Esser bekannt, und Ibn 'Umar sagte zu ihm, dass der Gesandte Allāhs (Allahs Frieden und Segen auf Ihm) sagte:

»Wahrlich, Der Gläubige isst mit einem einzigen Magen, und der Ungläubige isst mit sieben Mägen!« Abū Nuhaik sagte zu ihm: »Ich glaube an Allāh und seinen Gesandten.«« D.h., ich werde von nun an nur mit einem Magen essen. (Buchary 5395)

Abu Umama Iyas ibn Tha'laba al-Ansari (Allahs Wohlgefallen Ihm) erzählte, dass die Gefährten des Propheten (Allahs Frieden und Segen auf Ihm) eines Tages vor ihm über das Diesseits sprachen. Darauf sagte er zu ihnen: »Habt ihr denn nicht gehört? Habt ihr denn nicht gehört? Bescheidenheit und Enthaltsamkeit gehören zum Glauben.« (Abu Dawud)

Übermäßiges Essen oder falsche Ernährung, die zu Gesundheitsschäden oder sonstigen Schäden führt, wird zu Haram. Auch wenn es sich um Halal-Nahrung handelt.

Der Gesandte Allahs (Allahs Frieden und Segen auf Ihm) sagte: »Es darf weder schädlich sein noch Schaden zur Folge haben.« (Ibn Maajah)

Dies wirft auch die Frage auf, ob die hoch-performante industrielle Kommerzialisierung der Schlachtung von Tieren als islamisch unethisch angesehen werden muss und mit den Halal-Normen vereinbar sein kann. Die extreme Kommerzialisierung unserer Mitgeschöpfe widerspricht auf grundlegende Weise der islamischen Ethik. Tiere sind mit Güte zu behandeln und nach diesem ist auch zu schlachten.
Die Schlachtung an sich ist im Islam eine rituelle und gottesdienstliche Handlung. Die industriell hergestellten Fleischwaren, bei denen Tiere als Massenware herhalten müssen, sollten verantwortungsbewusste und praktizierende Muslime ablehnen.

Es empfiehlt sich stark, Alternativen und Ausweichmöglichkeiten zum dem in Handel erhältlichen Fleisch zu suchen. Einige Biobauern betreiben eine Aufzucht der Tiere nach Bio-Norm bzw. Artgerecht und in reglementierten Mengen. Also keine industrielle Kommerzialisierung. Halal-Schlachtung muss nach Sunna stattfinden. Schlachtung in geprüften, autorisierten und überwachten Kleinbetrieben, in denen weder Schweine geschlachtet noch Produkte vom Schwein verarbeitet werden, muss gefördert werden. Schlachtung sollte den lokalen Bedarf abdecken und darauf limitiert sein. Keine Überproduktion! Einige Kleinbetriebe haben sich auf diesen Nieschenmarkt eingestellt. Örtliche Überwachung durch muslimische Gemeinden, die die Halal-Normen kennen und sich danach ernähren, sollte stattfinden. Nicht durch vertrauensunwürdige kommerzielle Zertifikatsstellen.

Importierte Fleischprodukte (in Deutschland meist aus der Türkei) sind weitgehend erhältlich und den inländischen wegen der Vertrauenswürdigkeit vorzuziehen. Fleischimitate sind im Einzelhandel erhältlich und stehen dem Geschmack normalen Fleisches nicht nach. Auch sind rein vegane Produkte in einer Vielzahl erhältlich. Diese sind mit einem vertrauenswürdigeren Zertifikats-Ziegel versehen und eher halal als unsere sogenannten »Halal-Produkte«.

Zudem ist auch ein Leben ohne oder mit nur wenig Fleisch möglich. Das Tier sollte aus einem besonderen Anlass getötet und im Namen Allahs (der Vollkommene, der Allerhöchste) geopfert werden. Einstmals war dies etwas ganz Besonderes und wurde mit Nachbarn und Bedürftigen geteilt. In der heutigen Zeit wird durch viel zu hohen Fleischkonsum auch der Gesundheit geschadet. Es wird dreimal täglich Fleisch konsumiert, ohne darüber nachzudenken, dass Lebewesen dafür getötet werden. Dieser übertriebene Fleischkonsum macht eine industrielle Produktion notwendig. Der Muslim sollte sich an den Grundsatz der Genügsamkeit halten.

++

Die Regelungen des Islam kommen von dem allwissenden Schöpfer (gepriesen und erhaben ist Er), Dessen Wissen von Seiner Schöpfung unendlich ist und vom Menschen nicht immer verstanden werden kann noch hinterfragt werden darf. Alles, was von Allah kommt, muss als richtig und gut akzeptiert werden. Wenn man die Regelungen des Islam begutachtet, zeigt sich immer wieder, dass sie doch tatsächlich die besten und passendsten sind und dass sie einen maximalen Nutzen besitzen und Schaden reduzieren. Manche Menschen betrachten die islamische Methode zu schlachten als grausam. Die Realität zeigt jedoch, dass gerade das Gegenteil der Fall ist. Diese Beschuldigungen der Grausamkeit an den Tieren sollten sich eher gegen diejenigen richten, die nicht nach der islamischen Art schlachten, sondern lieber Methoden benutzen, die dem Tier Angst und Leid zufügen und auch bei den Konsumenten des Fleisches Schaden verursachen können, wie in der Großindustrie.

Und Allah weiß es am besten.

12. Quellenverzeichnis

Dieses Buch basiert auf den Rechtsaussprüchen (Fatawa) des großen Islamgelehrten Scheikh Muhammad Saalih al-Munajid (ausser die Kapitel 8, 9 und 10). Im Folgenden sind die Fatawa mit Nummern aufgeführt auf die sich die einzelnen Kapitel beruhen. Vollständige Fatawa mit weiterführenden Informationen sind zu finden auf Scheikh al-Munajids Website www.islamqa.info.

Begriffsklärung Haram (10887)

Sunna-Muakkada (149492) (163784)

Vorwort Die Ahl Al-bidda (10777)

1.1 **Welche Lebensmittel sind Halal?**_(10498) (144738) (169813) (11827) (10498) (22866) (70320) (114855) (2005) (1919) (114855) (2005)

2.1 **Unerlaubte Tiere** (126343)(10498) (111827) (36730) (1695) (197680) (85534) (10498) (21901) (114855) (10951) (10498)(21901) (1919) (11827) (10220) (1919) (192766) (3004) (69770)

2.2 **Fleisch von Tieren die im Namen von etwas anderem als Allah geschlachtet wurden** (127965) (85669) (235020) (88206) (10070) (12666) (145893) (7876) (89693) (89693) (60013) (115148) (1027) (947) (127500) (5219) (136340) (44730) (107381) (125974) (26952) (107549)

2.3 **Aas – vor der Schlachtung verstorbenes Tier** (22341) (14308) (148001)

2.4 Blut (22341) (174948) (131526) (4055) (1924)

2.5 Verbotene Körperteile (12670) (126343) (2005) (1695) (144270) (22713) (177335) (147632) (175729) (171393) (12670) (5231)

2.6 Rohstoffe (114129) (20039) (97541) (102749) (210) (219137) (115306) (2841) (162658) (248124) (33763)

(102749) (201520) (184243) (201520) (82116)

2.7 **Al-Jallalah: ein Tier welches sich überwiegend aus unreinem Futter ernährt** (170264) (149059) (170264) (148665) (114129) (97541) (149059) (48970) (21418) (119830)

2.8 Berauschendes (66227) (39408)

2.9 Gesundheitsschädliches (1919) (118268) (110) (71317)

2.10 Unreinheiten (Nadschaasah) (9652) (174948) (111904)
(13356) (22373) (176304) (111786) (13356) (41090) (20843) (22713) (111812) (139482) (10528) (139482) (164448) (148690) (171333) (33763) (147421) (109197) (87749) (176790) (6725)

2.11 Unrechtmäßig Erworbenes (12670) (69770) (69818) (39507) (157663) (34659) (33657)

3.1 Die schlachtende Person (88206) (106051) (103) (88206) (70278) (1553) (177012) (60046) (26139) (203158) (93150) (198889) (71) (1913) (72205)

3.2 Das Assprechen der Tasmiya (85669) (235020) (172296) (13223)

3.3 Das Schlachtwerkzeug (139482)

3.4 Der Entbluteschnitt (75891) (172296) (160536)

4.1 **Das Tier und der Schlachter sollten in die Himmelsrichtung der Kibla zeigen.** (118435)

4.2 **Umgang mit Tieren** (153936) (177306) (105785) (192661)

4.3 **Alter des Schlachttieres** (123231) (123231) (192041)

4.4 **Schlachtplatz, Anlagen und Schlachtwerkzeuge** (10528) (34496)

4.5 **Betäubung** (172296) (100431) (223005) (100431) (934) (12776) (14308) (100461)

4.6 **Notsituation** (130815)

4.7 **Mechanisiertes Schlachten in modernen Schlachthäusern** (153936) (133941) (75891) (172296) (153936) (133941) (177306) (172296)

4.8 **Jagd** (194080) (121239) (97216) (192928) (152261)

5.1 **Verpflichtung** (256227) (36432)(200562)(145105)(175748) (112264) (170160) (70291) (200562) (192448) (96644) (82027)

5.2 **Art des Opfertieres** (126705) (71275)(45767) (36663)

5.3 **Ausführende Person** (20800) (143611) (224247)

5.4 **Ausspruch/Bittgebet während der Schlachtung** (36733)(109340)

5.5 **Mindestalter der Schlachttiere** (41899) (106597)

5.6 **Beschaffenheit des Tieres** (160316) (192661) (39191) (69917) (20875) (192041) (36494) (45152) (36755)

5.7 **Erwerb** (39191) (47030) (178524) (36755) (192149) (96741) (41969)(112426)(144986) (6357)

5.8 **Anzahl der Opfertiere** (36387) (45544) (214402) (160395) (45916) (45768) (96741) (175748) (41766) (36596) (192721) (36706) (112264) (36387) (45757) (111322) (176956) (146159) (111887) (223916) (126013)

5.9 **Zeitpunkt** (36755) (36651) (36755)

5.10 **Verbleib des Fleisches** (149415) (3967) (160055) (180503) (36376) (36651) (110665) (47030) (36532)

5.11 **Enthaltsamkeit vor der Opfergabe** (70290) (83381) (33613) (33743) (33760) (36567) (175381) (192289) (192308)

5.12 **Den Preis des Udhiyah als Spende in ein anderes Land schicken** (143611) (36645) (159854) (96816) (160311) (175475) (127160) (85039)

6 **Schlachten zur Geburtsfeier eines Kindes – Aqiqa** (227) (7889) (12448) (20646) (203192) (171377) (196742) (50106) (43739) (90029) (227) (201479) (96462) (38197) (162811) (175537) (85392) (8423) (8388) (20018) (149415) (178647) (167711) (90029) (147029) (47030) (223916) (82607) (106630) (82161) (38197) (34974)

7 **Fleisch in nicht-islamischen Ländern** (11609) (88206) (103) (20805) (40216) (127959) (128286) (21661) (52800) (223005) (70517) (10339) (9205) (13025) (198889)

(142901) (4342) (223005) (147785) (12569) (212227) (20843)

8 Gesetze und Praxis der Schlachtung in Deutschland

www.myhalalcheck.com
Halal-Speise im deutschsprachigen Raum, Dr Yavus Özoguz, 2011

9 Auswertungen einiger Studien zur industriellen Schlachtung

Eva Maria Hilsenbeck 2007 der Ludwig-Maximilians-Universität München, »Untersuchungen zur Entblutezeit bei Rindern nach Bolzenschußbetäubung

10 Halal-Zertifikate

www.halal-zertifikat.de
www.halalcontrol.de
www.halal-zertifizierung.de
www.eurohalal.eu
www.m-haditec.de
www.halalworld-germany.de

11 Warum wir uns genügsam ernähren sollten (49688) (97541) (10339) (114129) (10191) (20843) (114129) (82444) (5905) (71317)